Agentes, informantes y traidores

-el mundo del espionaje-

Phillips Tahuer
Ediciones Afrodita

Índice:

Introducción:

El espionaje moderno comenzó con la rivalidad entre Rusia y Occidente, y se estructuró a partir de ella. La imagen del espionaje moderno se formó entonces, en el período de finales de siglo 19 y hasta la primera guerra mundial, cuando la rivalidad planetaria era entre Rusia y el Imperio Británico.

Sin embargo, a partir de la Segunda Guerra Mundial, EE. UU. ocupó el lugar de Inglaterra como principal oponente de la URSS y luego de Rusia.

Muchos casos de espionaje mutuo se han hecho famosos, la mayoría de las veces por la estupidez de los agentes dobles y los efectos del sentimiento de impunidad, a veces simplemente porque una de las partes quería enviar una señal pública a la otra. El espionaje, dicen, es un fenómeno natural, y cuando se hace público es señal de un cambio de actitud o de rumbo político.

Muchas veces, el doble agente o espía se ve tocado por lo que los antiguos griegos llamaban "hybris", el sentimiento de impunidad, la creencia de que nunca será atrapado. Esto hace que muchos descarten su prudencia "profesional".

Así, Aldrich Ames, ex oficial de la CIA, condenado en Estados Unidos a cadena perpetua en 1994, se había traicionado a sí mismo a través de su extravagante estilo de vida, por el hecho de poder comprar un Jaguar, o una casa de medio millón de dólares, pagando en efectivo.

Más recientemente, Robert Hansson, un agente del FBI, fue condenado tras admitir que durante dos décadas recibió de los servicios rusos, a cambio de información, un millón y medio de dólares en efectivo y cuantiosos diamantes.

La lista es larga, tanto de un lado como del otro, y lo sería aún más si no se encubrieran buena parte de los casos, por razones de estrategia política y de "intereses superiores". Sin embargo, a partir de la creación de la FSB, como se rebautizó a la KGB, el espionaje ruso adquirió nuevas dimensiones.

En 2010, en Viena, tuvo lugar un intercambio de espías entre rusos y estadounidenses, el mayor intercambio de este tipo desde la caída del Muro de Berlín, en el que los rusos liberaron a cuatro espías estadounidenses a cambio de diez espías rusos, entre ellos la famosa pelirroja Anna Chapman.

La realidad del espionaje no corresponde en realidad a la imagen del "glamour" que nos da la literatura o el cine. En realidad, lo más frecuente es que se trate de un trabajo burocrático arriesgado o de una conspiración. Sin embargo, un aura de romanticismo heroico siempre se ha cernido sobre el espionaje.

Capítulo 1
Breve historia del espionaje

El conocimiento es poder, las personas de la antigüedad ya lo sabían. Por eso, no sorprende que el trabajo de los espías se remonte a miles de años en la historia de la humanidad. Los que están en el poder siempre han estado interesados en la información militar, política o económica de otros imperios, así como dentro de su propio país. Entonces, si bien las razones del espionaje han cambiado poco con el tiempo, los medios y métodos utilizados por los agentes y espías han evolucionado mucho.

Reyes, emperadores e iglesias

Los primeros grandes imperios de la antigüedad ofrecían las mejores condiciones para el espionaje con su extenso aparato oficial. Durante la fase del "Reino Nuevo" (1550-1070 a.C.), los egipcios se referían a los funcionarios responsables de tales tareas como "los ojos del faraón". De manera similar, se dice que el rey persa Ciro el Grande (590-530 a.C.) tenía "muchos ojos y oídos", es decir, agentes que recopilaban información para él.

La importancia que se le dio al espionaje desde el principio también se refleja en el hecho de que el general chino Sun Tzu (554-496 a.C.) dedicó el suyo propio a este tema en su obra "El arte de la guerra", que sigue siendo importante en la actualidad. Por supuesto, los griegos y los romanos también usaron medios del servicio secreto. Sin embargo, fueron precisamente los romanos, conocidos por su progresista talento organizativo, quienes sólo supieron apreciar el valor de la labor de espionaje preventivo tras unas dolorosas derrotas contra el general cartaginés Aníbal. Algunas de las expresiones más importantes sobre este tema se derivan de la lengua romana: La palabra espionaje proviene del latín Spicere (ver, mirar, espiar) y también el nombre de la palabra "agente" se puede encontrar en la época romana: los funcionarios que llevaban a cabo tareas del servicio secreto se llamaban agentes in rebus, que podría traducirse aproximadamente como "agentes en asuntos Generales".

En la Edad Media, los gobernantes de Europa utilizaron principalmente al clero como agentes. Las condiciones para esto eran ideales: la iglesia tenía una red de ubicaciones en toda Europa, como obispados o monasterios, que estaban conectados a través de un sistema de mensajería. El clero también sabía escribir y en algunos casos hablaba varios idiomas.

A partir del siglo XV, el espionaje se volvió cada vez más profesional, después de que los agentes habían estado anteriormente en su mayoría en la carretera en otras funciones (por ejemplo, como comerciantes o soldados) y espiaban más "al margen". En Inglaterra, la reina Isabel I (1533-1603) creó el primer servicio secreto inglés institucionalizado. En Francia, el cardenal Richelieu (1585-1642) utilizó el "Cabinet Noir" para monitorear la correspondencia de diplomáticos y sospechosos políticos. Este primer sistema de vigilancia postal fue finalmente perfeccionado por la "Oficina del Número Secreto" en Viena, que existió desde alrededor de 1716 hasta 1848.

Tiempos modernos

Desde mediados del siglo XIX, nuevos desarrollos técnicos como el telégrafo, el teléfono y la fotografía cambiaron para siempre el trabajo de los servicios secretos. Ahora no solo se podía recopilar información de una manera completamente nueva, como a través de procesos de imágenes, sino que también se aceleró enormemente la transmisión de datos. Con el transcurso del tiempo, el ser humano como fuente y medio de pasar mensajes pasó cada vez más a un segundo plano, como en el caso alemán, con la introducción de su máquina de cifrado Enigma, que exacerbó a las mentes británicas para poder descifrarla. La Guerra Fría posterior estuvo marcada por operaciones de espionaje masivas tanto del lado occidental como del este.

Tras el colapso del bloque del Este a principios de la década de 1990, la distribución de tareas de los servicios secretos ha cambiado significativamente. Además del espionaje económico, la lucha contra el terrorismo internacional se ha convertido en una de las áreas de trabajo más importantes, al menos desde los atentados del 11 de septiembre de 2001 en Estados Unidos. Esto es a menudo utilizado por los gobiernos como argumento para los programas automatizados de vigilancia masiva que se conocen desde las revelaciones de Edward Snowden en 2013 a más tardar. Pero además de las nuevas posibilidades de espionaje, el medio de Internet representa una carga de trabajo extrema para los servicios secretos debido a la cantidad de información en constante crecimiento que surge con el uso diario de miles de millones de personas.

Capítulo 2
Datos para conocer el mundo de los espías

¿Qué significa ser un agente doble?

Hay dos tipos de espías: Por un lado, los agentes que son enviados con la tarea de obtener información secreta de forma discreta. Por otro lado, los informantes que transmiten conocimiento o material secreto, son traidores. Cuando los agentes se convierten en informantes, se les llama agentes dobles.

Cuando las agencias de inteligencia buscan la cooperación de los ciudadanos de un estado al que quieren espiar, intentan identificar individuos con los que se puedan tratar motivos específicos. Los cuatro más importantes los resumen los expertos bajo las siglas MICE: Money (Dinero), Ideología, Coerción y Ego. El importante papel que juegan estos motivos se muestra en casos famosos de espías arrestados.

¿Cuál es la diferencia entre alta traición y espionaje?

A pesar de que estos conceptos son supuestamente similares, existen diferencias muy importantes entre ellos.

Según el Diccionario Merriam-Webster, el espionaje se define como: "La práctica de espiar o usar espías para obtener información sobre los planes y actividades, especialmente de un gobierno extranjero o una empresa rival".

A su vez, la traición se refiere al "acto o conducta de deslealtad o falta de compromiso que existe entre dos o más involucrados". En el derecho "Delito cometido contra un deber público, como la patria para los ciudadanos o la disciplina para los militares" Este término se origina del latín "traditio" que significa traición, es decir, acción que conlleva a quebrantar la confianza.
Si bien ambos implican, de una forma u otra, obtener información en secreto contra la voluntad del propietario, el uso previsto de la información difiere significativamente.

Generalmente se considera que el espionaje es un acto en el que una persona o empresa adquiere información que generalmente se considera confidencial o secreta. La traición generalmente se ve como "una traición grave a la propia nación o estado soberano".

Así, el espionaje también puede ser considerado traición si se ajusta a esta definición.

¿Qué es la contrainteligencia?

La contrainteligencia es una rama de la jerarquía de inteligencia que se ocupa de mantener la información fuera del alcance de enemigos internos y externos. Se utilizan varias técnicas para mantener la información segura y generar información engañosa que puede usarse para engañar a los agentes enemigos. La mayoría de las naciones tienen una agencia gubernamental que supervisa la contrainteligencia y, a menudo, varias agencias de inteligencia tienen una rama de contrainteligencia separada de sus operaciones normales.

Mantener la información potencialmente confidencial fuera de los ojos del enemigo es el objetivo más importante de la contrainteligencia, y muchos agentes de contrainteligencia trabajan en estrecha colaboración con los agentes de seguridad para garantizar que la información esté segura y protegida. Como parte de su misión, las agencias de contrainteligencia recopilan información sobre agencias de inteligencia extranjeras y enemigas, examinando sus instalaciones, métodos de trabajo y agentes conocidos. Esta información se utiliza para explotar vulnerabilidades y agujeros de seguridad del lado del enemigo, protegiendo información vital.

Además de proteger la información, las agencias de contrainteligencia también trabajan para prevenir la subversión, el asesinato, el sabotaje y otras amenazas a la seguridad de la información y la seguridad nacional mediante el uso de información recopilada por organizaciones enemigas para mantenerse informados de tales amenazas. También pueden trabajar en oposición directa a los agentes extranjeros, realizando lo que se conoce como contrainteligencia en un intento de desviar a los espías. La mayoría de las agencias de contrainteligencia también trabajan para engañar al enemigo al sembrar información, hacer planes engañosos, etc., con la esperanza de que esta información termine en manos del enemigo, induciéndolo a cometer un error.

El espionaje es un campo complejo y fascinante, y las operaciones de contrainteligencia se pueden llevar a cabo en una amplia gama de lugares. Algunos agentes se quedan en una oficina, trabajan con información digitalizada y supervisan a otros agentes. Las agencias de contrainteligencia generalmente también tienen departamentos con agentes que trabajan en el descifrado, análisis de datos y otras herramientas de apoyo para que la información recopilada sea útil. Otros agentes trabajan en el campo, a veces encubiertos para poder recopilar información sobre el enemigo. También pueden cooperar con agentes de inteligencia habituales en algunas misiones para garantizar el mejor resultado posible.

Muchos agentes de campo de contrainteligencia trabajan encubiertos, algunos de los cuales son reclutados activamente dentro de las organizaciones que los emplean. Las agencias de contrainteligencia explotan a desertores, topos y otras personas descontentas para recopilar información confidencial sobre grupos, gobiernos y agencias opositores y también pueden utilizar a sus agentes para entrar en organizaciones opositoras con el objetivo de recopilar información.

Las diez principales agencias de inteligencia del mundo

Las agencias de inteligencia son la primera línea de defensa contra posibles amenazas internas y externas. Su tarea es recopilar inteligencia, realizar diversas formas de espionaje, asesorar al gobierno en cuestiones de seguridad nacional, difundir información falsa y, en el caso de algunos servicios, incluso cometer asesinatos. A continuación, la nómina de las más importantes en la actualidad:

1. Ministerio de Seguridad del Estado (MSS)

Establecido en 1983, el Ministerio de Seguridad del Estado es la agencia de seguridad e inteligencia de China. Tiene su sede en Pekín. Consta de 17 oficinas y divisiones, incluyendo contrainteligencia e investigación social.

El MSS juega un papel importante en la censura de cierto contenido de Internet en China. Permite al gobierno controlar lo que afecta a los chinos. La agencia también es responsable de lidiar con la disidencia interna y cualquier cosa que pueda causar que los ciudadanos se rebelen contra el gobernante Partido gobernante.

Se le acusa al MSS de estar muy involucrado en el espionaje económico.

Con más de 100.000 empleados de inteligencia tanto en China como en el extranjero, el MSS está desempeñando efectivamente su papel, especialmente en lo que respecta a la seguridad nacional.

2. Servicio de Inteligencia Secreta de Australia (ASIS)

El Servicio de Inteligencia Secreto de Australia, con sede en Canberra, es el equivalente de la Agencia Central de Inteligencia. Se ocupa principalmente de la inteligencia internacional o extranjera y, por lo general, se coordina con otras agencias similares en todo el mundo.

ASIS se estableció en 1952, aunque el público no supo de su existencia hasta 1972. Como muchas otras agencias de inteligencia, ASIS ha estado involucrada en todo tipo de incidentes internacionales en el pasado. Uno de los más importantes fue en Papúa Nueva Guinea hace casi tres décadas. ASIS supuestamente estaba tratando de reprimir los movimientos de independencia en el país. Se sospecha que también estuvo involucrada en el golpe de estado chileno de septiembre de 1973, a pesar de que le habían ordenado retirarse unos meses antes.

3. Servicio de inteligencia de seguridad canadiense (CSIS)

Canadá es uno de los países más seguros del mundo. La mayor parte del crédito por mantener la seguridad del país pertenece al Servicio de Inteligencia Canadiense, la principal agencia de inteligencia de Canadá.

El CSIS se encarga de todo lo relacionado con la seguridad nacional de Canadá. Las responsabilidades incluyen: recopilar inteligencia, realizar operaciones encubiertas y asesorar al gobierno sobre posibles amenazas a la seguridad. CSIS también es el representante de Canadá en Five Eyes, una alianza de inteligencia de EE. UU., Reino Unido, Canadá, Australia y Nueva Zelanda. The Five Eyes se considera una de las alianzas de espías más extensas de la historia.

Con sede en Ottawa, CSIS recopila información de todo el mundo y elimina cualquier cosa que pueda representar una amenaza para Canadá y sus ciudadanos. Sin embargo, la agencia tiene reputación de ser demasiado agresiva cuando se trata de operar en nombre de la seguridad nacional.

4. Dirección General de Seguridad Exterior (DGSE)

Operando bajo el Ministerio de Defensa francés, la Dirección General de Seguridad Exterior es el equivalente francés de la Agencia Central de Inteligencia. Establecido en 1981 (comenzó a operar oficialmente recién el 2 de abril de 1982) en reemplazo del Servicio de Documentación de Inteligencia y Contrainteligencia de la SDECE.

La DGSE realiza todo tipo de actividades y operaciones relacionadas con la seguridad nacional que incluyen operaciones de inteligencia. Recopila datos de inteligencia militar, estratégica, electrónica, industrial y económica, y también investiga organizaciones terroristas utilizando métodos de inteligencia tradicionales. DGSE también se ocupa de la contrainteligencia fuera de Francia. Los asuntos internos se dejan a la DGSI.

Casi todas las actividades de la agencia se mantienen en secreto y fuera de la vista del público. Poco se sabe sobre las actividades actuales de la agencia.

La DGSE desempeñó un papel importante durante la Guerra Civil de Ruanda en la década de 1990. Se relata, que la agencia se encargó de difundir información falsa que sentó las bases para una mayor participación francesa en las últimas etapas de la guerra. DGSE también desempeñó un papel durante la Guerra de Kosovo entre la República Federativa de Yugoslavia y el Ejército de Liberación de Kosovo.

5. El ala de investigación y análisis (RAW)

La Oficina de Inteligencia Extranjera de la India probablemente tenga el nombre menos "conspicuo" de todas las agencias de inteligencia del mundo. Los forasteros pueden incluso pensar que es solo una ONG. Pero no hay que dejarse engañar por el nombre de la agencia: el Ala de Investigación y Análisis es uno de los servicios de inteligencia más talentosos del mundo.

Fundada en 1968 para tratar con la inteligencia extranjera, RAW juega un papel clave en la defensa de la India de los ataques terroristas y en el seguimiento de los acontecimientos en otros países. Son extremadamente misteriosos. Poco se sabe de sus actividades y operaciones pasadas, lo que debe valorarse positivamente.

El RAW se coordina regularmente con otras agencias de inteligencia y probablemente tenga oficiales de inteligencia estacionados en todo el mundo. En particular, se comunica regularmente con otras agencias conocidas como la Agencia Central de Inteligencia y el Mossad para monitorear el programa nuclear de Pakistán.

6. Servicio Federal de Inteligencia (BND)

El Bundesnachrichtendienst o Servicio Federal de Inteligencia es una agencia de inteligencia alemana. Fue establecido en 1956 y reporta directamente a la Oficina del Canciller. Como única agencia de inteligencia del país, es responsable de recopilar datos de inteligencia militar y civil.

El BND está diseñado para detectar todas las posibles amenazas a los intereses alemanes y la seguridad nacional. La agencia recopila información sobre terrorismo, armas nucleares y otras armas de destrucción masiva, crimen organizado, drogas y tráfico de seres humanos y migración ilegal.

BND es conocido principalmente por utilizar escuchas telefónicas y espionaje electrónico para recopilar información. Estos son métodos que a menudo son discutidos y controlados por el público. Al igual que con otras agencias de inteligencia, la mayoría de las actividades y operaciones del BND son clasificadas. Sin embargo, se puede suponer que la agencia tiene sus "ojos y oídos" ubicados en las principales líneas de telecomunicaciones cuando graba llamadas, independientemente de las obligaciones de privacidad.

7. Agencia Central de Inteligencia (CIA)

La Agencia Central de Inteligencia es la agencia de inteligencia exterior de los Estados Unidos. Recopila información del exterior y pequeñas cantidades de información obtenida en el país. Es la agencia de inteligencia más popular y fácilmente reconocible del mundo, principalmente debido a sus numerosas apariciones en películas de Hollywood.

La CIA fue fundada en 1947, lo que la convierte en una de las agencias de inteligencia más antiguas de esta lista. La tarea de la agencia es monitorear eventos extranjeros que puedan amenazar a los Estados Unidos, en particular en relación con el terrorismo y las armas nucleares y otras armas de destrucción masiva. La agencia también se ocupa de la contrainteligencia y la guerra cibernética.

Además de recopilar información, la CIA también realiza operaciones paramilitares encubiertas. Basado en operaciones conocidas, se puede decir que la historia de la CIA es controvertida. La agencia ha estado involucrada en numerosos escándalos a lo largo de los años

8. Servicio de Inteligencia Exterior (SVR)

El Servicio de Inteligencia Exterior es la agencia civil de inteligencia exterior de la Federación Rusa. Es el sucesor de la Primera Dirección Principal de la KGB y trabaja en estrecha colaboración con la Dirección Principal de Inteligencia, la agencia militar de inteligencia extranjera de Rusia.

A diferencia de la principal agencia de seguridad de Rusia, el Servicio de Seguridad Federal, que se ocupa principalmente de los asuntos internos, el SVR es responsable de recopilar inteligencia fuera del país. El SVR tiene la tarea de realizar diversas formas de espionaje, incluido el espionaje militar y económico, y realizar vigilancia electrónica en otros países.

SVR también ha estado implicado en presuntos asesinatos en el extranjero y desinformación en Internet. Dado que Rusia está aliada con China, se puede suponer que SVR coopera regularmente con las agencias de inteligencia chinas.

9. Servicio Secreto de Inteligencia (SIS)

El Servicio Secreto de Inteligencia es una agencia de inteligencia del Reino Unido. Comúnmente conocida como MI6, es la segunda agencia más popular de esta lista gracias a las películas de James Bond. Como casi todas las demás agencias en esta lista, el MI6 se ocupa principalmente de los asuntos externos, dejando los asuntos internos al MI5.

MI6 recopila y analiza información del extranjero. Se centra en información relacionada con el terrorismo, las armas nucleares, el tráfico de drogas, el crimen organizado y otras actividades que pueden amenazar los intereses y la seguridad nacional del Reino Unido. También coordina con otras agencias de inteligencia extranjeras, como la Agencia Central de Inteligencia.

MI6 se estableció hace más de 100 años, lo que la convierte en una de las agencias de inteligencia más antiguas del mundo. Sin embargo, sus logros hasta el momento no están exentos de críticas. En los últimos años, ha habido controversias relacionadas con sus actividades.

10. Mossad

El Mossad es la agencia de inteligencia nacional de Israel, uno de los 10 países con las armas nucleares más poderosas del mundo. Es una de las tres ramas de la comunidad de inteligencia israelí; las otras dos son Shin Bet y Aman, que administran respectivamente la seguridad interna y la inteligencia militar.

El Mossad se ocupa principalmente de la inteligencia extranjera, recopilando información sobre eventos extranjeros que pueden amenazar los intereses y la seguridad de Israel. La agencia ejecuta operaciones encubiertas y tiene su propia unidad antiterrorista, Kidon. Poco se sabe de esta unidad, pero se cree que está compuesta por asesinos de élite.

Mossad coopera con entidades similares en otros países, por ejemplo, con los países del Medio Oriente. El tema común es el programa nuclear de Irán. Mossad también coopera con la Agencia Central de Inteligencia y el Ala de Investigación y Análisis.

Capítulo 3
Los "topos"

Los enemigos más insidiosos dentro de los servicios secretos, son los denominados "topos"

"Topo" en el lenguaje específico de los servicios de inteligencia es un término genérico utilizado para el agente infiltrado, colocado o reclutado dentro del servicio de inteligencia del adversario o en la estructura de otra institución gubernamental objetivo. El término es bastante obvio, se refiere a la costumbre de ese animal en permanecer bajo la tierra (oculto) para evitar la mirada de sus depredadores.

También puede designar a un agente que se infiltra en la estructura política o militar de una nación objetivo, con el objetivo preciso de avanzar a una posición clave, momento en el cual el agente es "activado" para brindar información importante.

Entre las famosas figuras de topos que penetraron en los servicios de inteligencia de algunos "estados objetivo", traicionando a sus propios Servicios de Inteligencia, nos centraremos en el topo más peligroso de todos los tiempos, como apodaron al famoso Harold Adrián Russel Philby,
o "Kim" Philby, quién fue un miembro de alto rango de la inteligencia británica quien, no obstante, era un marxista convencido y que servía como agente del NKVD soviético y de su sucesor, la KGB.

También, como ejemplo, tenemos al teniente coronel soviético de la KGB Vladimir I. Vetrov -nombre en clave "Farwell" (adiós). A principios de la década de 1980, en medio de la Guerra Fría, Vetrov decidió traicionar y se convirtió en agente de la Dirección de Vigilancia Territorial francesa (DST), a quienes les brindó una mejor comprensión de los métodos y la estructura de la KGB en el campo del espionaje científico y técnico. Vetrov fue juzgado, condenado a muerte por alta traición y ejecutado el 23 de enero de 1985 en la prisión de Lefortovo en Moscú.

Este célebre agente, quien, para resaltar su falta de voluntad para hacer el papel de un traidor arrepentido, añadió a su confesión: "Lo único que lamento es que no pude causar un mayor daño a la Unión Soviética y prestar un mayor servicio a Francia".

No hay que olvidar ni a Robert Hanssen -uno de los "topos" más longevos de la KGB dentro de los servicios secretos americanos- ni a Aldrich Hazen Ames -el espía que sacudió la Agencia Central de Inteligencia desde sus cimientos-.

Topo de topos: Harold Philby – Agente Tom o Stanley

El agente Tom o Stanley - Harold Philby (1912-1988) fue el exponente absoluto de los topos, el hombre que, en nombre de la KGB soviética, -Komitet Gossudarstvennoi Bezopasnosti– (Comité para la Seguridad del Estado) se infiltró en el servicio de

Inteligencia de su país y tomó secretos durante casi treinta años.

Estaba a un paso de convertirse en el jefe de este servicio de inteligencia, algo que habría representado un récord absoluto en espionaje: el jefe de un servicio de Inteligencia trabajando realmente para el adversario, ¿con qué consecuencias?

La "epopeya" de Philby ha servido de inspiración para numerosos trabajos, fantasiosos o basados en la verdad, que han intentado dilucidar el fenómeno Philby.

Philby provenía de una prominente familia aristocrática británica. Según su abuela, estaba relacionado con Bernard Montgomery, el mariscal de campo que comandó las tropas británicas durante la Segunda Guerra Mundial. Irónicamente, fue durante la década de 1940 cuando floreció la actividad de Philby como agente doble.

Desde finales del siglo XIX, su familia poseía plantaciones en Ceilán, y el propio Philby nació en India en 1912. Su madre era británica y el padre, un famoso erudito árabe y asesor del Raja indio. Philby (padre) era conocido como un excéntrico entre sus conocidos: no solo se convirtió al Islam, sino que pasó mucho tiempo en los desiertos entre las tribus beduinas y, al final, incluso consiguió una segunda esposa, una ex esclava.

Así que no es de extrañar que los padres le dieran a su hijo, que en realidad se llamaba Harold Andrián Russell Philby, el apodo de Kim, en honor al personaje de la novela homónima de Rudyard Kipling, que narra las aventuras de un niño británico en la India.

El niño fue criado por su abuela en Inglaterra, donde ingresó a la Universidad de Cambridge, interesándose por las ideas socialistas. En la década de 1930 participó en actividades antifascistas en Austria, de donde partió poco antes de la ocupación del país por Hitler. Junto con él, llegó a Inglaterra una de las activistas, Litzi Friedman, quien en 1934 se convirtió en su primera esposa. Habría cinco de ellas en la vida de Philby.

Fue entonces, tras regresar de Austria, cuando fue reclutado por la inteligencia soviética.

El reclutador de Philby fue Arnold Deutsch, otro "ícono" de la inteligencia en la primera mitad del siglo pasado. Un espía ilegal soviético de origen austriaco, Deutsch fue el fundador y primer curador de uno de los grupos de espionaje más famosos: los "Cinco de Cambridge".

Además de Philby, el grupo incluía a otros cuatro estudiantes de Cambridge: Guy Burgess, John Cairncross, Anthony Blunt y Donald McLean. Todos ellos a lo largo de los años ocuparán altos cargos en diversas estructuras británicas. Luego, huirían a la URSS, pero el propio Deutsch no viviría para verlo. En 1935 el reclutador sería llamado a la URSS, y en 1942 será enviado a trabajar en Argentina. En el Atlántico Norte, un petrolero con Deutsch a bordo sería atacado por aviones alemanes y se hundiría.

Durante una conferencia para futuros agentes de la Stasi (órgano de inteligencia de la extinta República Democrática Alemana), Philby admitió que, en el momento de su reclutamiento, tenía poco interés para la inteligencia. Desde el punto de vista de la URSS, su reclutamiento fue "una inversión en el futuro". Pero a Philby se le insinuó que se esperaba que entrara en inteligencia, y comenzó a esforzarse para lograr este objetivo.

Tomó más de cinco años: al principio, Philby trabajó como periodista, incluida la colaboración con el periódico The Times. Como corresponsal de guerra, viajó a España durante la Guerra Civil (y desde allí envió informes a las agencias de inteligencia de Gran Bretaña). Pudo conseguir un trabajo en el Servicio Secreto de Inteligencia (SIS) solo en 1940, después del estallido de la Segunda Guerra Mundial. Además, esto requirió la ayuda de otro miembro de los "cinco": el presentador de la BBC Guy Burgess.

En 1941, Philby se convirtió en subdirector del departamento y en 1944 dirigió el departamento responsable de monitorear las actividades prosoviéticas y comunistas en el Reino Unido. Solo durante los años de la guerra, el espía entregó a la URSS alrededor de mil documentos, algunos de los cuales resultaron ser invaluables.

Según el propio Philby, pudo acceder a tantos documentos importantes debido a la falta de un orden estricto en el SIS. Todo lo que se necesitó para obtener la mayoría de ellos fue unas copas con un archivista de inteligencia, quien luego amigablemente le dio a

Philby acceso a documentos que se suponía que no debía ver.

Quizás así fue como Philby logró salvar a los agentes sometidos al golpe de Elizabeth Bentley. Agente doble estadounidense, que trabajó para la NKVD (asuntos internos de la Unión Soviética) desde 1938. Pero en el otoño de 1945, cuando se dio cuenta de que estaba decepcionada con la ideología comunista y, en una reunión con Edgar Hoover, habló sobre su trabajo para la URSS. En apoyo de sus palabras, Bentley proporcionó una lista de agentes soviéticos conocidos por ella. Philby logró acceder al documento con los nombres de manera oportuna, gracias a lo cual la mayoría de las personas pudieron salir del peligro. La lista de agentes divulgada por Bentley terminó en Moscú un día después de que la propia Elizabeth la entregara a los servicios de inteligencia estadounidenses.

A principios de la década de 1950, cuando las nubes comenzaron a acumularse sobre los "cinco", Philby logró advertir a dos de sus miembros que habían sido descubiertos. Donald McLean y Guy Burgess lograron escapar a la URSS, pero debido a su escape, las sospechas recayeron sobre el propio Philby.

En 1952, fue interrogado por oficiales de contrainteligencia británicos, pero se anunció al público que no se habían encontrado pruebas en su contra. El escándalo de espionaje que ya había estallado fue sorprendentemente fácil para Philby de salirse con la suya. El propio agente doble, durante una conferencia en 1981, atribuyó su suerte a dos factores. En primer lugar, pertenecer a la alta sociedad: la élite británica realmente no quería creer que un representante de la alta sociedad resultaba ser un "topo" soviético. Y, en segundo lugar, su alta posición en el servicio de inteligencia: si fuera descubierto como espía, costaría muchas carreras y, por lo tanto, no se le dio una oportunidad a una investigación completa.

En 1955, Philby anunció que se jubilaba. Luego, en su departamento en Londres, concedió una breve entrevista a periodistas de varias publicaciones, en la que afirmó que nunca había sido comunista y que no se adhirió a los puntos de vista comunistas; este es casi su único discurso público.

Pero ya en 1956, Philby fue nuevamente aceptado al servicio de Su Majestad. Esta vez - a la inteligencia extranjera, MI6. E inmediatamente después de eso, fue enviado a Beirut para trabajar encubierto. Éste oficial de inteligencia fue al Líbano como periodista para los periódicos The Economist y Observer.

Sin embargo, a principios de la década de 1960, la contrainteligencia volvió a tener sospechas sobre él. Según algunos informes, Philby fue convocado para un interrogatorio, después de lo cual uno de sus viejos conocidos se le acercó y le ofreció admitir informalmente su culpabilidad a cambio de inmunidad. No se sabe si Philby hizo un trato, pero en enero de 1963 la KGB logró sacar en secreto a su agente de Beirut; según el espía, él mismo tomó esta decisión.

"Nunca confieses", enseñó Philby a los futuros agentes de la Stasi. "Lo que sea que tengan: incluso si hay documentos con sus firmas, afirmen que son falsos. Solo nieguen todo".

Durante los últimos 18 años de su vida, Kim Philby vivió en Moscú, en un apartamento en Kuntsevo, cuyas ventanas daban a las orillas del río Moscú. En la URSS, se casó por quinta vez, con la ciudadana soviética Rufina Pukhova. En Reino Unido dejó cinco hijos, la mayoría de los cuales, según el diario Independent, recordaba con cariño a su padre.

Al principio, según las memorias de Pukhova, Philby sufría de depresión: recordaba con emoción los años 30, y despreciaba los tiempos modernos. No obstante, Philby comenzó a ser invitado para consultas individuales, fue llevado a conferencias para futuros oficiales de inteligencia. Hasta el final de su vida, recibió mostaza británica, mermeladas y libros de clásicos británicos en inglés. En 1988 falleció por causas naturales en Moscú. Los oficiales de la KGB que lo encontraron en ese momento dijeron que Philby era adicto al alcohol.

George Blake

George Blake nació el 11 de noviembre de 1922 en Róterdam, Holanda. Su padre fue Albert Behar, propietario de una fábrica de guantes de cuero para un astillero, era judío de Constantinopla (actual Estambul). En un momento, Behar ingresó a la Sorbona, pero dejó la universidad cuando comenzó la Primera Guerra Mundial y se fue a servir ala Legión Francesa. Luego, en Mesopotamia, se unió al ejército inglés y recibió la ciudadanía británica. Llamó a su primer hijo George, en honor al rey George.

Durante sus años escolares, George Blake era aficionado a la historia y la religión, leía mucho y era considerado uno de los mejores alumnos de la clase.

A la edad de 12 años perdió a su padre: Albert murió de cáncer de pulmón. La familia tuvo que ahorrar dinero y luego la madre de George se puso en contacto con la hermana de su difunto esposo, que vivía en El Cairo y estaba casada con un banquero local. Al enterarse de la difícil situación de la familia de su hermano, su tía invitó a George a mudarse con ellos.

En Egipto, George estudió primero en un liceo francés y luego en una universidad inglesa. El futuro oficial de inteligencia se interesó por la política y comenzó a prepararse para ingresar a la Universidad de Londres.

Por la 2da GM regresó con su abuela, su madre y sus hermanas a la Haya. Dado que Blake, al igual que su padre, era súbdito británico, temían que fuera expulsado de Holanda por los alemanes, por lo que le falsificaron documentos nuevos. Aprovechando su posición ilegal, decidió unirse a las filas de los guerrilleros de la Resistencia.

Las personas de ideas afines jugaron con la apariencia de George: fácilmente podía pasar por un escolar con un maletín, que, en lugar de libros de texto, contenían literatura, folletos y periódicos prohibidos por los nazis.

El trabajo era arriesgado: una vez, corriendo hacia el tren, Blake esparció varios ejemplares de un periódico clandestino en el andén. Esto fue presenciado por un oficial alemán que ayudó al joven a recolectar los periódicos, pero, afortunadamente para el joven, no prestó atención a su contenido.

A pesar del riesgo de estar en manos de la Gestapo, Blake estaba encantado con su nueva actividad.

Después de la muerte de su abuela en 1942, Blake se mudó a Inglaterra, junto a su madre y sus hermanas. Allí decidió no esperar la convocatoria del ejército y se ofreció como voluntario para la Armada británica.

Después del entrenamiento, George, ya en el rango de segundo teniente, fue llamado a servir en el cuartel general de submarinos de Portsmouth. Sin embargo, Blake no se convirtió en submarinista: durante la prueba de profundidad, perdió el conocimiento y fue expulsado.

El fracaso con los submarinos en realidad se convirtió en un éxito: inesperadamente para él, después de otra entrevista, Blake se convirtió en empleado de P-8, el departamento holandés de inteligencia británica MI-6 (SIS).

Sin embargo, no tuvo un bienvenido regreso a Holanda: según los documentos, Blake era inglés y, según las reglas de la época, un agente que operaba en Holanda no podía ser británico. Una de sus tareas era recibir telegramas urgentes de los agentes, que podían llegar tanto de día como de noche. Después de la guerra, Blake finalmente fue a Holanda con el rango de empleado de la nueva estación británica ubicada en La Haya, pero, apenas tuvo tiempo de ver a sus familiares, fue llamado a Londres.

En 1946, George se fue de servicio a Hamburgo. Debido al hecho de que la URSS se convirtió en el nuevo enemigo de los países occidentales en el marco de la Guerra Fría que se desarrollaba, los antiguos enemigos de Gran Bretaña se convirtieron en aliados: George tuvo que cooperar con los oficiales alemanes que odiaba.

El resultado del trabajo de Blake fue la creación en 1947 de dos redes de inteligencia en el territorio de la RDA (República Democrática Alemana), formadas por ex oficiales de la Armada alemana y la Wehrmacht. El punto de inflexión en la actitud de Blake ante la situación actual se produjo mientras estudiaba en la Universidad de Cambridge, donde aprendió las bases del idioma ruso en cursos para oficiales de las fuerzas armadas. La hostilidad de Blake hacia los rusos fue reemplazada por admiración por su historia y cultura.

Después de graduarse de la universidad, George se mudó a Seúl. Su tarea principal era el reconocimiento en los territorios cercanos del Lejano Oriente, que pertenecían a la Unión Soviética.

Un año y medio después de la llegada de Blake, estalló la guerra en Corea. Durante el asedio de la ciudad por parte de las tropas norcoreanas, el espía fue capturado. Trató de correr un par de veces para llegar a los estadounidenses, pero ambos intentos no tuvieron éxito. George caminó en la llamada "marcha de la muerte", que tuvo lugar a lo largo del río Yalu, un duro viaje invernal de prisioneros al lugar de detención.

Los prisioneros murieron uno por uno: Blake y otros prisioneros tuvieron que enterrarlos, cavando tumbas en el suelo helado. George enfermó de disentería, que, afortunadamente, se curó con inyecciones de penicilina.

En cautiverio, la única salida para él eran los libros que la embajada soviética enviaba regularmente al campo.

Blake releyó varias veces "La isla del tesoro", "El capital" de Marx y Engels y "El estado y la revolución" de Lenin. Los dos últimos trabajos tuvieron una gran influencia en la visión de su mundo.

Por sí mismo, decidió que después de su liberación trabajaría en secreto para la inteligencia soviética. El oficial de inteligencia se aventuró a hablar de esto con el director de la prisión, y pronto el mayor dispuso que Blake se reuniera con un representante de la KGB. Después de discutir los matices, acordaron que George proporcionaría información relacionada exclusivamente con las acciones de Inglaterra y los aliados contra la URSS.

Blake fue puesto en libertad en abril de 1953. Regresó a Inglaterra y, gracias a su buen conocimiento del idioma ruso, consiguió un trabajo en el nuevo departamento "Y", que se dedicaba al espionaje de alta tecnología contra los empleados de las instituciones soviéticas en Austria.

En 1955, fue enviado a Berlín Occidental, donde terminó en un grupo que se dedicaba a la inteligencia contra la URSS. Una de las tareas de George era establecer contactos con los empleados soviéticos que trabajaban en Berlín Oriental.

Los británicos lograron establecer escuchas telefónicas en varias líneas secretas de la URSS; por ejemplo, durante la operación con el nombre en código "Conflicto", se conectaron al cable a través del cual la sede soviética en Viena estaba conectada a uno de los aeródromos militares.

Para hacer esto, se cavó un túnel desde el sótano, ubicado muy cerca de la línea secreta del departamento de la policía militar, hasta el cable, donde se equipó una estación de escuchas telefónicas. Otras dos operaciones, "Sugar" y "Lord", se llevaron a cabo desde el edificio de una joyería y una villa donde vivía la familia de uno de los oficiales británicos.

En octubre de 1953, Blake se reunió con un representante de la residencia soviética y le transmitió información sobre todas las operaciones secretas que conocía contra la Unión Soviética.

George actuó pro bono: su único pedido fue cuidar de su familia en caso de que algo le sucediera. Mientras tanto, en una de sus reuniones con un agente soviético, recibió una cámara portátil, que llevaba en el bolsillo trasero de su pantalón.

En 1954, se recibieron nuevamente datos valiosos del agente, sobre la preparación de la Operación Plata, durante la cual se planeó conectar los teléfonos a los miembros de las delegaciones soviética y china que llegaron para negociar en Ginebra.

Poco después, la residencia soviética se enteró de los detalles de una audaz operación cuyo nombre en código era "Oro" o "Cronómetro dorado". Gracias a esta operación, los británicos, en colaboración con la CIA, planeaban acceder a las líneas de comunicación secretas de las tropas soviéticas en la RDA, a través de las cuales se intercambiaba información entre Berlín Este y Moscú.

Actuando con extrema precaución, los líderes de la KGB transfirieron todas las negociaciones importantes a otros canales, dejando líneas interceptadas para discutir otros temas; por ejemplo, centraron sutilmente la atención en el hecho de que la URSS no se estaba preparando para atacar a los países occidentales.

Las líneas de escucha también se utilizaron para la desinformación: a través de ellas se transmitían datos falsos, que los británicos y los estadounidenses tomaron al pie de la letra.

También informó sobre los intentos de reclutamiento que el MI6 realizaba regularmente contra los empleados soviéticos de la Agencia de Traducción Anglo-Rusa en Londres.

A principios de los años 60, Blake se fue al Líbano. En Beirut, además de las actividades de inteligencia, se dedicó a un estudio intensivo de la lengua árabe. El espía ni siquiera sospechó que las nubes se acumulaban sobre él. Un desertor ayudó a los británicos a desclasificar a Blake: el subjefe de inteligencia polaco Mikhail Galinevsky, quien en un momento colaboró con los servicios especiales soviéticos.

Habiendo recibido información del traidor, los líderes del MI6 llamaron urgentemente a Blake a Londres, donde inmediatamente comenzaron los interrogatorios. Blake no se quedó callado.

En abril de 1961, Blake fue arrestado. La sentencia dictada al oficial de inteligencia en el Tribunal Penal Central de Old Bailey fue extremadamente severa: condena de 42 años en la prisión de Wormwood Scrubs. Este era tres veces el plazo máximo previsto en el artículo sobre traición.

Al escuchar el veredicto del juez, Blake solo sonrió. Su esposa Gillian inicialmente apoyó a su marido, pero luego no pudo resistir la presión pública: solicitó el divorcio, se volvió a casar, cambió su apellido y se dedicó a criar hijos: tres hijos de Blake y otro nacido de un nuevo cónyuge.

En prisión, Blake siguió estudiando árabe y se hizo amigo de otro oficial de inteligencia soviético desclasificado, Konon Molodoy, que trabajaba bajo el nombre de Gordon Lonsdale, quien había recibido 25 años de cárcel, pero finalmente fue cambiado por un inglés. Blake tampoco iba a esperar pacientemente el final de la pena de prisión y decidió huir.

El terrorista Sean Burke, que gozaba de buena reputación con las autoridades penitenciarias, acudió en su ayuda. Sean usó los privilegios por su cuenta: se puso en contacto con ex presos políticos, amigos de Blake, quienes ayudaron a recaudar el dinero necesario para la fuga.

El escape estaba programado para la noche del 22 de octubre de 1966 y fue coronado con éxito: después de haber superado fácilmente los barrotes debilitados, Blake salió por la ventana y corrió hacia el muro de la prisión, donde una escalera de cuerda lanzada por Burke estaba esperándolo.

Habiendo llegado a la capital de la URSS, George Blake se convirtió en Georgy Ivanovich Bekhter; luego él mismo admitió que el nuevo nombre le parecía mucho más armonioso que el anterior. Recibió del estado soviético el rango de coronel de inteligencia extranjera y un espacioso apartamento de cuatro habitaciones.

Durante algún tiempo, Blake asesoró a los oficiales de la KGB y trabajó como intérprete.

En 1974, tras jubilarse, Blake consiguió trabajo en el Instituto de Economía Mundial y Relaciones Internacionales (IMEMO) de la Academia de Ciencias de la URSS, donde se especializó en Oriente Medio y se convirtió en uno de los principales expertos.

George se volvió a casar y tuvo otro hijo. Al mismo tiempo, no perdió el contacto con los hijos de su primer matrimonio, quienes lo visitaban a menudo en Moscú.

Blake falleció el 26 de diciembre de 2020; murió de un paro cardíaco a la edad de 98 años. El presidente ruso, Vladimir Putin, expresó sus condolencias a los familiares y amigos del oficial de inteligencia soviético:

el mensaje correspondiente se publicó en el sitio web del Kremlin.

Capítulo 4
Espionaje industrial

¿Cuál es el objetivo principal del espionaje industrial?

La clave del éxito comercial, incluida la producción industrial, depende en gran medida del uso de tecnologías únicas, el curso correcto de desarrollo y los vínculos comerciales con socios confiables. Es decir, sin revelar secretos a los competidores, es posible adelantarse a ellos.

El uso de la información recibida sobre los logros de otra organización, permitirá para la propia producción industrial:

• Acortar los tiempos de investigación, y aplicar sin mucha dificultad los avances externos a la propia producción;
• Interceptar proveedores de materias primas o compradores de productos industriales, y asimilarlos a la propia organización.
• Interrumpir las transacciones planificadas entre competidores, causándole daños.

• Recopilación de información sobre la empresa de fuentes abiertas y cerradas, lo cual es necesario para la inteligencia de mercado en una región en particular, si una empresa competidora va a ingresar a este mercado, abrir sucursales. Estos datos pueden utilizarse en detrimento de una organización que ha estado operando en el área durante mucho tiempo.
Este último punto incluye:
• Interceptar inversores y cerrar negocios rentables.
• Vender información a otros competidores.
• Utilizar datos sobre la vida personal de los empleados con el fin de chantajearlos y obtener información que represente secretos comerciales.

Uno de los objetivos del espionaje iniciado contra los competidores puede ser cambiar las fuentes primarias de información.

Esto se logra mediante:

• Acciones activas: falsificar, corregir, borrar información ubicada, por ejemplo, en una unidad USB.
• Acciones pasivas, inacción expresada - cuando no le permiten a la competencia ingresar datos actualizados oportunamente, no permitiéndole corregir los errores identificados.
• Como regla, esto es causado por el deseo de transmitir información falsa a un competidor con la esperanza de que, siendo engañado sobre el estado real de las cosas, cometa acciones erróneas.

Las pérdidas materiales, por ejemplo, darán lugar a:

•	La conclusión de contratos deliberadamente no rentables debido a información errónea sobre el otro lado de la transacción.

•	Transferencia de fondos a las cuentas de liquidación de los estafadores.

•	Contratar especialistas incompetentes o empleados que sean agentes de la competencia.

•	Se pueden usar programas especiales para proteger la información en las bases de datos corporativas de ser modificada por empleados competitivos sobornados.

Con el objetivo de dañar a los rivales comerciales, utilizan inteligencia ilegal para destruir documentos, materiales e información. Esto funciona si la disponibilidad de datos específicos es un requisito previo para resolver los problemas de los competidores, otorgar préstamos para el desarrollo comercial o la inversión.

Así, por ejemplo:

Para una agencia de detectives privados, la desaparición de las pruebas recopiladas está plagada de pérdida de ingresos y de reputación, lo que afectará aún más la demanda de los servicios prestados.

Para las empresas industriales, la destrucción de documentos amenaza con interrumpir el cumplimiento de las condiciones contractuales con los socios comerciales, la incapacidad de implementar las actividades planificadas.

Los objetivos enumerados y otros para eliminar a los competidores, dañarlos si es posible, socavar su reputación se realizan en la implementación del espionaje industrial. Dependiendo de las tareas establecidas, eligen métodos, sin importar cuán legal sea, sin mencionar la decencia.

Métodos utilizados en el espionaje industrial

Ningún negocio puede desarrollarse sin planificación, utilizando información relacionada con el campo de actividad, mercados de productos. Desde tecnologías de producción aplicadas y desarrollos secretos de modernización hasta reuniones del jefe con socios potenciales, los datos corporativos pueden convertirse en objeto de interés de los competidores. Tomar medidas de acceso ilegal a la información para su uso posterior con el fin último de obtener beneficios, cuando, como se suele decir, "el fin justifica los medios", es lo que comúnmente se denomina espionaje industrial.

En Rusia, así como en otros países del espacio postsoviético, el espionaje industrial como tal apareció a mediados de la década de 1990 durante la transición al modelo capitalista de relaciones. Las primeras formas de su manifestación fueron de carácter primitivo, expresadas en chantajes, intimidaciones a empresarios y sus familiares con represalias físicas. El desarrollo de la tecnología también ha afectado la expansión de oportunidades para obtener ilegalmente datos secretos y usarlos en competencia desleal. Hoy en día, hablar de secretos comerciales u otra información confidencial que requiere una protección especial frente a personas ajenas implica el riesgo de utilizar una variedad de métodos de espionaje industrial.

No hay límite al ingenio al que recurren los competidores para obtener información.

Para obtener datos de interés, documentos técnicos o proyectos empresariales utilizando el espionaje industrial, las empresas deshonestas procuran:

• Buscar formas de acercarse a los principales expertos de los competidores para descubrir los matices relacionados con sus actividades.
• Atraer a los mejores especialistas, ofreciendo condiciones favorables en caso de transferencia de información.
• Conocer los detalles de la vida privada de los empleados de un competidor, utilizarlos para chantajes o sobornos.
• Enviar a sus agentes a la firma como especialistas calificados a quienes se les puede dar acceso a materiales clasificados.
• Llegar a delitos elementales, robar dibujos, documentos, muestras de productos, materias primas usadas, penetrar en el territorio de una empresa bajo la apariencia de empleados de varios servicios o servicios públicos, usar métodos contundentes para atacar a personas con acceso a datos secretos.
• Rastrear la correspondencia comercial.
• Obtener información ilegalmente de funcionarios corruptos.
• Utilizar medios técnicos para recopilar datos: varios dispositivos de escucha, acceso no autorizado a redes informáticas.

• Monitorear a los empleados en la versión clásica, por observación externa, también utilizando medios técnicos (dispositivos de visión nocturna, grabación de fotos y videos, vehículos aéreos no tripulados que permiten el seguimiento remoto).

• Entrar en negociaciones de falsa cooperación con posterior negativa, después de recibir la información necesaria, y así sucesivamente.

Entonces, la empresa afectada, habiendo revelado la fuga de datos secretos, puede:

• Cambiar tácticas de comportamiento.

• Tomar medidas adicionales para acelerar la introducción de nuevas tecnologías o la conclusión de una transacción.

• Encontrar otras soluciones a la situación actual.

• Las estadísticas muestran que la información táctico-operacional se vuelve obsoleta, perdiendo su significado en un 10% diario. Esto quiere decir que en un mes la información obtenida puede no valer nada.

Responsabilidad por participación en espionaje industrial

A pesar de los acuerdos firmados sobre no divulgación de datos personales de colegas o información secreta sobre secretos comerciales con los empleados que acceden a esta información en virtud de sus actividades profesionales, no se garantiza que:

• La persona no trabaje para los competidores. En el proceso de trabajo en la empresa no se acerque a los agentes de los competidores y, por negligencia o como resultado de chantaje, no transmita información que es de importancia estratégica para la empresa.

Si hay evidencia de acciones culpables (o inacción), que resultaron en una fuga de datos, se causó daño moral a los empleados afectados o daños materiales a la producción industrial:

•	El empleador tiene derecho a despedir al empleado, observando los requisitos de procedimiento, de conformidad con las normas nacionales. Iniciar ante los organismos encargados de hacer cumplir la ley una investigación que, si se confirman las acciones delictivas del empleado, terminará en una sanción penal para él.

Casos famosos de espionaje industrial

El espionaje industrial, a veces también llamado espionaje económico, es un delito muy grave que puede conllevar multas y sanciones muy elevadas. Es bastante común y puede dar a un competidor una gran ventaja en el mercado comercial.

Ejemplos de espionaje industrial:

1. Gillette fue víctima de espionaje industrial en 1997

En 1997, un hombre de Washington, Iowa, fue acusado de fraude electrónico y robo de secretos comerciales de Gillette. Stephen L. Davis, que entonces tenía 47 años, robó información sobre un nuevo sistema de afeitado desarrollado por la empresa. Era un empleado de Wright Industries Inc., a quien Gillette le encargó ayudar a desarrollar la maquinaria para fabricar el nuevo sistema de afeitado.

En febrero y marzo de 1997, según la acusación, Davis proporcionó dibujos de ingeniería a los competidores de Gillette en el mercado de las maquinillas de afeitar, Warner-Lambert Co., Bic y American Safety Razor Co. Estos dibujos fueron proporcionados por fax y correo electrónico. La acusación también acusó a Davis de fraude electrónico.

Davis se declaró culpable y fue acusado de participación en espionaje. Se enfrentó a un total de 15 años de prisión y cientos de miles de dólares en multas.

2. Kodak también fue víctima del espionaje industrial en los 90

En la década de 1990, Kodak se convirtió en víctima del espionaje industrial. Un ex empleado de Eastman

Kodak fue acusado y declarado culpable de todos los cargos.

El ex empleado de la compañía, Harold Worden, entonces de 56 años, robó propiedad de Kodak por valor de millones de dólares. Trabajó para Kodak durante más de 30 años y no devolvió documentos confidenciales cuando dejó la empresa en 1992.

Warden trató de vender documentos obtenidos de forma ilícita a los competidores de Kodak para iniciar su propia empresa de consultoría.

Warden fue condenado en 1997 después de declararse culpable y fue sentenciado a 15 meses de prisión y multado con más de $50,000.

3. Avery Dennison

Entre 1989 y 1997, el empresario taiwanés Ten Hong Lee, también conocido como Victor Lee, y su empresa Four Pillars engañaron y robaron secretos comerciales de Avery Dennison, con sede en Ohio. Esta empresa era una de las mayores fabricantes de productos adhesivos del país, que se utilizaba para sellos postales y pañales.

Desde julio de 1989, los demandados habían recibido, entre otras cosas, información confidencial y patentada de Avery relacionada con formulaciones para productos autoadhesivos.

La acusación también alegó que el 4 de septiembre de 1997, los acusados se reunieron con Victor Lee en una habitación de hotel en Westlake, Ohio, para obtener información, documentos y secretos comerciales confidenciales y de propiedad de Avery en violación de la Ley de Espionaje Económico de 1996.

Los acusados se declararon culpables y se les ordenó pagar a Avery Dennison $40 millones en daños y perjuicios en 1999. Fue el primer caso manejado bajo la recién redactada Ley de Espionaje Económico de 1996 en Estados Unidos. Esta ley fue aprobada por el Congreso para proteger a las empresas estadounidenses del robo por parte de empresas y gobiernos extranjeros.

4. IBM

En la década de 1980, IBM ganó una demanda contra Hitachi y dos de sus empleados por espionaje industrial. Hitachi fue acusado de conspiración para robar información informática confidencial de IBM y transportarla a Japón.

Hitachi se declaró culpable de estos cargos, al igual que Mitsubishi Electric Corporation y 22 empresarios japoneses, muchos de los cuales eran altos funcionarios.

Los dos empleados que se declararon culpables fueron Kenji Hayashi, ingeniero senior, e Isao Onishi, gerente del departamento de software. El Sr. Hayashi fue multado con $10,000 y el Sr. Onishi con $4,000 y ambos recibieron sentencias suspendidas.

A cambio de una declaración de culpabilidad, el gobierno de EE. UU. acordó no presentar más cargos contra todos los acusados. Hitachi también fue multado con $10,000 por estar involucrado en espionaje.

5. El increíble éxito de la Operación Night Dragon

Los piratas informáticos chinos lograron ingresar a los sistemas informáticos de cinco compañías multinacionales de petróleo y gas en 2011. Según un artículo publicado por Reuters en ese momento, pudieron piratear los sistemas informáticos de cinco compañías multinacionales de petróleo y gas y obtener acceso a planes de licitación y otra información confidencial propiedad de la compañía.

"Esta información es extremadamente sensible y costará mucho dinero a los competidores", dijo entonces Dmitry Alperovich. Dmitry fue vicepresidente de investigación de amenazas de McAfee.

El resumen del ataque de McAFee Inc. se denominó incidente de la Operación Night Dragon. El informe no detalló qué empresas se vieron afectadas, pero indicó que otras siete empresas eran posibles víctimas.

Tres de las compañías petroleras más grandes de Estados Unidos, Exxon Mobil, Chevron y ConocoPhillips, se negaron a comentar si fueron el objetivo del ataque, citando una política de no divulgar información sobre medidas de seguridad.

El espionaje industrial se considera universalmente un delito grave. Si el acusado es declarado culpable, puede ser castigado con fuertes multas y una dura sentencia.

Que el cargo de espionaje industrial se reconozca o no como delito depende de las circunstancias del caso y del daño probado por el actor. Y en todo caso, para que el imputado sea declarado culpable, será necesario aportar las pruebas pertinentes.

El espionaje económico se refiere a la dirección o adquisición de secretos comerciales, robados a empresas nacionales o entidades gubernamentales, en beneficio de un estado extranjero; el espionaje industrial se refiere a lo mismo que el espionaje económico, excepto que beneficia a una entidad privada en lugar de a un gobierno extranjero.

Aquí hay dos ejemplos de espionaje económico, de un libro escrito por el Dr. Paul Ronitz.

Como escribió "Le Monde", en julio de 1970, el gerente de Gramco, un organismo internacional especializado en transacciones financieras, descubrió que cuando telefoneaba desde su oficina en Munich a los subgerentes en las sedes centrales de Nueva York, París o Ginebra, no lo escuchaban, mientras que él podía oírlos muy bien. El director avisó a los servicios técnicos, y el técnico enviado constató que un microtransmisor colocado en la instalación transmitía las conversaciones de unos agentes a una distancia de unos 500 metros del edificio. El director recordó que hacía unos días había recibido la visita de dos agentes especiales de una organización de contrainteligencia en Londres, enviados por la sede de "Gramco" para asegurarse de que su oficina no escondía esos micrófonos secretos que utilizan los espías. Estos micrófonos habían sido, de hecho, colocados por estas personas.

Otro caso sucedió en 1965 en los EE. UU. Mientras inspeccionaba uno de los campos de pruebas técnicas de "General Motors", extremadamente bien protegido contra "visitantes indiscretos", Elliot Ertis, el jefe de producción de automóviles Pontiac, escuchó el zumbido repetido del motor de un avión. Un helicóptero equipado con dispositivos a los que se acoplaron varias cámaras telescópicas sobrevolaba el mismo lugar donde se encontraban los nuevos modelos. Con toda prisa se cubrieron los prototipos con lonas, pero ya era demasiado tarde. Agentes de la competencia bien informados sabían que la visita de Ertis sería la ocasión para una demostración de los nuevos modelos. Y la oportunidad fue aprovechada al máximo. Un rival desconocido se había apoderado de varias fotografías que contenían los secretos de los nuevos modelos de automóviles de General Motors.

Capítulo 5
Espías famosos

El espionaje vive del hecho de que tiene lugar en secreto. Las verdaderas identidades deben mantenerse en secreto. Idealmente para siempre, pero al menos durante su vida. Esto no siempre tiene éxito y, a veces, la historia real es mucho más emocionante que cualquier película de James Bond. El espionaje tiene éxito cuando se cumplen tres condiciones.

Primero, el agente necesita acceso a información realmente sensible. En segundo lugar, esta información debe transmitirse a los clientes. Y, en tercer lugar, deben estar dispuestos e interesados en utilizar esta información. En algunos casos se trata "solo" de secretos corporativos, en otros casos se trata de seguridad nacional. El espionaje todavía se practica hoy. Por supuesto, solo nos enteramos cuando la persona ha sido desenmascarada o se produce un delito que recibe la atención necesaria.

La historia del espionaje internacional está llena de episodios célebres, especialmente entre los dos bloques, Este y Oeste. Aquí algunos de ellos:

Mata Hari

Detrás del nombre artístico Mata Hari se esconde una bailarina exótica y probablemente la espía más famosa de la historia, aunque no la más exitosa. En el servicio de inteligencia alemán tenía el nombre en clave H21.

Mata Hari es sinónimo de mujer fatal. Su verdadero nombre era Margaretha Geertruida Zelle y nació en 1876 en los Países Bajos (Holanda). A los 19 se casó con un oficial 20 años mayor que ella. Cuando se divorció, se quedó con su hija y no recibió nada de su ex esposo. Así que tuvo que ganar dinero en otra parte. De hecho, quería convertirse en modelo en París, pero no pudo establecerse en esa área. La marea cambió cuando fingió ser una bailarina india desnuda. En este papel se hizo famosa. En el transcurso de sus apariciones en el extranjero, vino a Berlín por primera vez en 1907, donde incluso actuó para el emperador alemán Wilhelm II y su familia.

A través de su profesión de bailarina desnuda, entró en contacto con los más altos círculos políticos y militares de Francia. En 1915 fue contratada por el servicio secreto alemán para recopilar información sobre los planes de guerra franceses. Se dice que solo un año después fue reclutada por el servicio secreto francés para espiar las actividades alemanas. Se dice que fue mucho mejor como bailarina que como agente. Nunca se pudo aclarar qué tipo de información realmente transmitió Mata Hari. Bastantes piensan que difícilmente pueden haber sido detalles serios. Solo trabajó como agente doble durante dos años antes de ser expuesta. Debido a sus actividades de espionaje para los alemanes, los jueces de un tribunal militar francés la condenaron a muerte en 1917 por doble espionaje y alta traición y la ejecutaron en Vincennes, cerca de París. Ella tenía 41 años.

Aldrich Almes

En la década de 1990 y en el nuevo siglo, cuatro topos importantes en la comunidad de inteligencia de EE. UU. que todavía estaban espiando para Rusia fueron arrestados por espionaje. El primero de esos topos en ser atrapado fue Aldrich Ames.

Aldrich AmesAldrich Hazen Ames fue arrestado por el FBI en Arlington, Virginia, por cargos de espionaje el 21 de febrero de 1994.

En el momento de su arresto, Ames era un veterano de 31 años de la Agencia Central de Inteligencia (CIA), que había estado espiando para los rusos desde 1985. Arrestada con él estaba su esposa, Rosario Ames, quien había ayudado e instigado su espionaje.

Ames era un oficial de casos de la CIA, hablaba ruso y estaba especializado en los servicios de inteligencia rusos, incluido la KGB, el servicio de inteligencia exterior de la URSS. Su asignación inicial en el extranjero fue en Ankara, Turquía, donde se enfocó en el reclutamiento de oficiales de inteligencia rusos. Posteriormente, trabajó en la Ciudad de Nueva York y Ciudad de México.

Durante el verano de 1985, Ames se reunió varias veces con un diplomático ruso a quien le pasó información clasificada sobre fuentes humanas de la CIA y del FBI, así como operaciones técnicas dirigidas a la Unión Soviética. En diciembre de 1985, Ames se reunió con un oficial de la KGB con sede en Moscú en Bogotá, Colombia. En julio de 1986, Ames fue trasladado a Roma, Italia.

En Roma, Ames continuó sus reuniones con la KGB, incluido un diplomático ruso asignado en Roma y un oficial de la KGB con base en Moscú. Al concluir su asignación en Roma, Ames recibió instrucciones de la KGB sobre contactos clandestinos en el área de Washington, DC, donde sería asignado a continuación. Además, la KGB le escribió a Ames que le habían pagado $ 1.88 millones en los cuatro años desde que se ofreció como voluntario.

A su regreso a Washington, DC en 1989, Ames continuó pasando documentos clasificados a la KGB, utilizando "puntos muertos" o escondites preestablecidos donde dejaba los documentos para que los recogieran más tarde los oficiales de la KGB de la Embajada de la URSS en Washington. A cambio, la KGB le dejaba dinero e instrucciones a Ames, normalmente en otros "puntos muertos".

Mientras tanto, la CIA y el FBI se enteraron de que oficiales rusos que habían sido reclutados por ellos estaban siendo arrestados y ejecutados. Estas fuentes humanas habían proporcionado información de inteligencia crítica sobre la URSS, que fue utilizada por los legisladores de EE. UU. para determinar la política exterior de EE. UU.

Tras las revisiones analíticas y la recepción de información sobre la riqueza inexplicable de Ames, el FBI abrió una investigación en mayo de 1993.

Agentes especiales del FBI y especialistas en investigación llevaron a cabo una intensa vigilancia física y electrónica de Ames durante una investigación de 10 meses. Las búsquedas en la residencia de Ames revelaron documentos y otra información que vincula a Ames con el servicio de inteligencia exterior ruso. El 13 de octubre de 1993, los especialistas en investigación observaron una marca de tiza que Ames hizo en un buzón de correo confirmando a los rusos su intención de reunirse con ellos en Bogotá, Colombia. El 1 de noviembre, agentes especiales lo observaron a él y, por separado, a su manejador ruso en Bogotá. Cuando Ames planeó viajar al extranjero, incluido un viaje a Moscú, como parte de sus deberes oficiales, se aprobó un plan para arrestarlo.

El analista de la CIA Aldrich Ames es arrestado por agentes del FBI afuera de su casa el 21 de febrero de 1994. Ames proporcionó una gran cantidad de secretos a los soviéticos, lo que llevó a comprometer más de 100 operaciones de inteligencia estadounidenses y a la muerte de 10 activos estadounidenses.

Aldrich Ames y su esposa se declararon culpables el 28 de abril de 1994. Aldrich Ames fue sentenciado a cadena perpetua sin posibilidad de libertad condicional. Rosario Ames fue sentenciada el 20 de octubre de 1994 a 63 meses de prisión.

Los cinco de Cambridge

Alrededor de 1935, los soviéticos reclutaron a cinco jóvenes y extravagantes descendientes de la aristocracia británica comprometida con el antifascismo en los bancos de la Universidad de Cambridge. Al no ser remunerados, traicionarán por ideal. Entre ellos, Anthony Blunt que fue comisario de las colecciones reales, Guy Burgess encargado de la información dentro del Foreign Office, y Harold Philby, que engañó al MI6 (servicios secretos) británico del que era miembro, durante treinta años. Transmitieron mucha información sobre los nazis durante la guerra, al régimen de Stalin.

Anna Chapman, una "Mata Hari" en Estados Unidos

El sexo vende: eso no parece ser diferente cuando se trata de espionaje. Mata Hari ya se había destacado en el erotismo. Se podría decir que Anna Chapman nació en el espionaje, su padre trabajaba para la KGB rusa. Debe su nombre Chapman a un breve matrimonio con un ciudadano inglés con quien vivía en Londres. Luego se mudó a Nueva York. Allí trabajó como agente de bienes raíces. Si bien intentó contactar a los funcionarios de la Casa Blanca, parece que recién estaba comenzando como espía. Más bien, Chapman se utilizó para pasar pasaportes y otros documentos a otros espías.

Era una especie de prostituta de lujo al servicio del Kremlin. Esta bella pelirroja de 28 años era vista como una "leyenda" como empresaria por el SVR, el servicio de inteligencia ruso. Cenaba así en restaurantes de moda y pasaba las tardes en los clubes nocturnos más populares, donde debía "acercarse" a objetivos estadounidenses, a ser posible en el séquito de Obama desde 2009.

Fue detenida por el FBI junto con otros nueve agentes en junio de 2010 y en julio fueron canjeados por otros cuatro agentes en el aeropuerto de Viena. Un año después, el coronel Alexander Nikolayevich Poteyev fue condenado en rebeldía por un tribunal militar ruso a 25 años de prisión por traicionar a Chapman.

El reportaje sobre ella deja en claro una vez más que solo era una espía en el papel. Con un agente literario, vendió la historia de su vida a una revista de chismes. La prensa la llamó "agente 90-60-90" o "espía en bragas de encaje".

Desde que la arrestaron, Anna Chapman se ha hecho un nombre con apariciones en televisión, su propio programa, un par de sesiones eróticas al estilo Bond Girl, y su propia cadena de moda. Desde entonces, Anna ha llevado una vida estelar en Moscú.

Markus Wolf

Markus Wolf fue una de las figuras más controvertidas de la historia alemana de la posguerra. Fue jefe del servicio secreto de la RDA durante casi 30 años. Wolf fue considerado un planificador a largo plazo. Su estrategia tenía como objetivo infiltrarse en los círculos de liderazgo de la sociedad de Alemania Occidental. Se suponía que sus agentes alcanzarían posiciones altas de la manera normal, solo entonces se activarían. En esta función, trató de penetrar en los centros de liderazgo occidentales, especialmente en los de la República Federal. Y tuvo éxito, en los años 70 llegó incluso a la Cancillería. Incluso los servicios secretos occidentales rindieron homenaje a las habilidades técnicas de Wolf. De esta manera logró evitar que fotos actuales suyas circularan en Occidente durante más de 20 años. Recién en 1979 apareció una foto del "hombre sin rostro". En el mismo año fue descubierto por un desertor de sus propias filas. En 1986 renunció a su servicio. Después de la reunificación, el exjefe de los servicios secretos sorprendió a todos con una actitud crítica hacia el extinto régimen de la RDA, que, sin embargo, no todos creían. Contó su historia en numerosos programas de entrevistas, murió en 2006.

Günter Guillaume

El asunto Guillaume es uno de los escándalos políticos más conocidos y Günter Guillaume es sin duda el espía más famoso de la historia alemana.

La mañana del 24 de abril de 1974, Günter Guillaume, asesor personal del canciller Willy Brandt, recibió a una visita no invitada. Registro domiciliario y arresto por sospecha de espionaje. Saludó a los funcionarios con las palabras: "Soy oficial del Ejército Popular Nacional de la RDA y empleado del Ministerio de Seguridad del Estado. Pido que se respete mi honor de oficial".

Contrariamente a todos los conceptos básicos del entrenamiento de agentes, Günter Guillaume se descubrió sin ninguna necesidad. La Oficina para la Protección de la Constitución y la policía no tenían más que la sospecha de que las propias palabras inexpertas de Guillaume iban a resultar fatales al final.

Guillaume era periodista en Berlín Oriental a principios de la década de 1950 cuando el Ministerio de Seguridad del Estado lo reclutó como agente. Durante años fue entrenado y preparado para una misión en la República Federal, de donde partió en 1956 como supuesto refugiado de Alemania Oriental. Primero se instaló en Frankfurt y dirigió una discreta tienda de tabaco y periódicos.

Guillaume se unió al SPD y primero fue un político voluntario, y desde 1964 fue político a tiempo completo. En 1969 organizó la campaña electoral del Ministro Federal Georg Leber en su distrito electoral de Hesse. Demostró su valía y fue propuesto como orador por Leber en la Cancillería como premio. En el mismo año, después de ganar las elecciones al Bundestag, el SPD nombró por primera vez al Canciller Federal. Willy Brandt, ex alcalde de Berlín en el momento en que se construyó el Muro, estuvo a cargo de los asuntos estatales a partir de entonces.

Guillaume trabajó inicialmente con Brandt como consultor en el Departamento de Política Económica, Financiera y Social de la Cancillería, es decir, no en las inmediaciones del Canciller. Le tomó tres años ascender allí y en 1972 se convirtió en el asistente personal de Brandt.

En Berlín Oriental, el departamento de la Stasi, responsable del espionaje extranjero, y su jefe Markus Wolf casi se deben haber caído de la silla por la sorpresa. Nunca habían tenido un agente de tan alto rango, y la leyenda de Guillaume había resistido todo escrutinio.

Como asesor personal, Guillaume ahora tenía acceso a archivos secretos, las rondas de conversaciones en el círculo cercano del canciller y una idea de su esfera privada. Difícilmente podrían acercarse más al centro del poder en la República Federal de Alemania.

El cargo de Guillaume allí duró dos años antes de ser arrestado. La Oficina Federal para la Protección de la Constitución había interceptado la radio del agente de espionaje de la RDA y codificado felicitaciones de cumpleaños a Guillaume. Sin embargo, solo el propio Guillaume proporcionó pruebas concluyentes, cuando se confesó ante la RDA y como espía.

El arresto de Guillaume se convirtió en un asunto de estado, al final del cual el canciller Brandt tuvo que renunciar. No solo porque sus políticas podrían verse comprometidas, sino también porque aparentemente Brandt fue abandonado por sus propios ministros y su propio partido. El ministro del Interior, Genscher, ya estaba al tanto de la sospecha contra Guillaume, pero no advirtió al canciller.

Guillaume fue considerado un gran espía hasta el final de la RDA. Solo recientemente se ha demostrado a través de archivos reconstruidos y estadísticas que Guillaume proporcionó relativamente poca y casi ninguna información de alto nivel.

De los 13 años a los que fue condenado en 1975, a prisión junto a su esposa, por la misma causa, solo cumplieron siete. En 1981 fueron canjeados por agentes de Occidente en la RDA.

En 1981, la pareja regresó a la RDA. Después de 25 años de ausencia, los dos ex espías se adaptaron con dificultad a la vida en el país para al cual habían espiado.

Serguéi Skripal

Skripal nació en Kaliningrado en 1951 y comenzó su carrera profesional en el ejército soviético, donde se formó para convertirse en oficial. Después de un despliegue en Afganistán, Skripal se graduó de la Academia Diplomática Militar de Moscú, que prepara a los futuros agentes para el trabajo encubierto en el extranjero. Durante un tiempo espió con estatus diplomático en Europa. Mientras trabajaba en España, la Inteligencia británica (MI6) se percató de él y lo reclutó. Más tarde afirmó que la corrupción en el servicio secreto ruso lo hizo cambiar de bando.

Con el tiempo, entregó todo el directorio telefónico y de empleados del servicio secreto ruso al MI6, exponiendo a cientos de agentes. En diciembre de 2004 fue descubierto como informante del MI6 y arrestado en Rusia y sentenciado a 13 años en un campo de trabajo. Sin embargo, fue indultado después de cuatro años. Después de su liberación se instaló en Salisbury, Inglaterra. Allí vivió con su verdadero nombre. Se dice que Skripal trabajó para cuatro países diferentes de la OTAN. En consecuencia, Skripal viajó a la República Checa en 2012 mediado por el servicio exterior británico MI6 y acompañado por funcionarios de ese organismo. Allí, Skripal informó a las autoridades de seguridad sobre las redes de espionaje rusas activas. En el verano de 2016, Skripal proporcionó al servicio secreto de Estonia información que condujo a la exposición de tres agentes secretos rusos activos. También se dice que Skripal trabajó con el servicio secreto español Centro Nacional de Inteligencia.

El 4 de marzo de 2018, Sergei Skripal fue encontrado inconsciente en un banco de un parque en Salisbury con su hija Yulia, de 33 años, que estaba de visita desde Rusia el día anterior. En el hospital, rápidamente quedó claro que los dos habían sido envenenados. Debido a que era un agente nervioso, gran parte de Salisbury fue sellada y sondeada para evitar más envenenamiento. Milagrosamente, solo un policía que llegó primero al lugar resultó afectado. Sergei Skripal y su hija también sobrevivieron, aunque por poco. La primera ministra May dijo que más de 130 personas en Salisbury fueron potencialmente expuestas al agente nervioso. En total, más de 50 personas fueron examinadas en hospitales. Este caso desencadenó una grave crisis diplomática entre Inglaterra y Rusia.

Sidney Reilly

Recurrentemente se cita a Reilly como una de las personas reales que sirvieron como modelo para las historias James Bond, y ni siquiera era británico.

El espía y escritor RH Bruce Lockhart, que acompañó a Reilly en muchas misiones, era amigo cercano de Ian Fleming, el inventor de James Bond. Los informes sobre Reilly y especialmente su manera de caballero causaron una gran impresión en Fleming y lo impulsaron a crear el personaje de 007.

Solo su origen ya es misterioso, también porque el propio Reilly contó varias versiones. Lo mismo se aplica a su nombre, también hay diferencias significativas. Es justo decir que a Reilly le gustaba guardar secretos desde una edad temprana. Como año de nacimiento se cree que pudo haber sido en 1873 o 1874 en Odessa en el Mar Negro. Su biografía hay que tomarla con cautela, precisamente porque mucha de la información salió de él (o no).

Según sus propias declaraciones, espió para varios países en cuatro continentes diferentes. Amaba el lujo, la aventura, el juego y las mujeres. En más de 20 años de operación, Reilly robó múltiples planos de armas, evitó ataques y reunió innumerables datos de inteligencia. Fue apodado "As of Spies" cuando sedujo a la esposa de un ministro ruso y así obtuvo información sobre entregas de armas.

En 1918 recibió el encargo de derrocar a los bolcheviques en Rusia y asesinar a Lenin. El intento de asesinato fracasó y Reilly fue condenado a muerte en rebeldía. Logró escapar a Finlandia, pero una mujer lo atrajo de regreso a Rusia, donde fue arrestado de inmediato y se ejecutó la sentencia. ¿O tal vez no?

Incluso hay leyendas sobre su muerte. En 1940, las autoridades alemanas aún asumían que Reilly estaba vivo y lo pusieron en la lista especial de personas buscadas como agente de inteligencia británico.

Richard Sorge

Podría haber tenido una gran carrera académica, si no hubiera sido por la Segunda Guerra Mundial. Nació en 1895 en lo que ahora es Asserbaijan. De niño se mudó a Berlín con sus padres. Sorge era un comunista alemán, periodista y trabajaba para el servicio de inteligencia militar soviético. Richard se ofreció como voluntario para el servicio militar en 1914, pero durante la guerra la metralla le rompió ambas piernas, lesión que lo afectó durante toda su vida. Se puso al día con sus estudios de ciencias políticas y derecho en Hamburgo, obteniendo su doctorado en 1919. En 1925 se mudó a Moscú y trabajó allí para el servicio secreto ruso. Su alias era "Ramsay".

Antes y durante la Segunda Guerra Mundial espiaba para la Unión Soviética. Entre otras cosas, proporcionó información sobre el ataque a Pearl Harbor y su grupo descubrió los preparativos de Alemania para la guerra contra Rusia. Se hizo famoso en 1941 con su crucial mensaje de radio de que Japón no tenía intención de atacar a la Unión Soviética. Entonces las fuerzas rusas se concentraron en las tropas alemanas y ganaron la Batalla de Moscú. La policía secreta japonesa, llamada Tokko, lo miró más de cerca. En octubre de 1941 fue arrestado. Moscú negó su existencia. En septiembre de 1943 fue juzgado a puerta cerrada y se le impuso la pena de muerte. Eventualmente el Dr. Richard Sorge fue ahorcado en Tokio en noviembre de 1944 y enterrado allí. En 1964 Rusia lo recordó otorgándole el título de "Héroe de la Unión Soviética"

Witold Pilecki

El soldado polaco Witold Pilecki (1901-1948) se dejó capturar deliberadamente por los nazis en septiembre de 1940 para poder operar desde el campo de concentración de Auschwitz. Una vez en el campo de exterminio, Pilecki fundó un movimiento clandestino. Gracias a Pilecki, se produjeron varias fugas exitosas de Auschwitz. Los prisioneros lograron escapar simplemente conduciendo un automóvil, disfrazados con uniformes de las SS. Pilecki trató de mejorar la situación en el campo de concentración liquidando a oficiales particularmente crueles. Como los oficiales no podían ser asesinados por los reclusos, tenían que morir de muerte natural. Lo hizo haciendo crecer una colonia de piojos infectados con fiebre tifoidea y transmitiéndola a los jerarcas nazis.

Sin embargo, la principal preocupación de Pilecki era informar a los aliados sobre el campo de exterminio. Se las arregló para construir una radio que funcionaba con piezas de desecho encontradas, que usó para informar sobre los crímenes en el campo de concentración. Fue uno de los primeros en hablar de las cámaras de gas y llamó a Auschwitz "otro planeta". Aunque la información llegó a los aliados, no le creyeron al espía y consideraron que los informes descarados eran exagerados.

Pilecki incluso ideó un plan para derrocar el campo de concentración desde adentro. A fines de 1942, el agente tenía más de 1000 miembros bajo su liderazgo y confiaba en que podrían hacerse cargo del campo de exterminio, al menos por un corto tiempo. Para asegurar una toma de poder exitosa, Pilecki esperaba el apoyo de los aliados y del ejército clandestino polaco. Sin embargo, pensaron que el proyecto era una misión suicida e ignoraron las llamadas de ayuda de Pilecki. Después de 945 días, Pilecki escapó del campo de concentración, se unió al ejército clandestino en Varsovia y luchó en el Levantamiento de Varsovia. Después de la guerra, Pilecki fue condenado a muerte por el gobierno comunista de Polonia por sus puntos de vista antisoviéticos. En 1995 recibió póstumamente la "Orden del Renacimiento de Polonia".

Virginia Hall

Nacida en Estados Unidos en 1906, se ofreció como voluntaria en las Fuerzas Especiales Británicas (SOE) y operó en la Francia ocupada durante la Segunda Guerra Mundial. Sus tareas incluían la coordinación de la Resistencia, los ataques guerrilleros, el sabotaje y la habilitación de escape de los pilotos derribados. Además de sus actividades de espionaje, Hall también fue reportera de guerra para el New York Post. Debido a una lesión, le amputaron la parte inferior de la pierna y la reemplazaron con una prótesis, en la que a menudo escondía documentos. Esto le valió el apodo de "La dama coja" entre los nazis. La Gestapo intentó detener a Hall varias veces sin éxito. Falleció en 1982.

Frederick Joubert Duquesne

Frederick Joubert Duquesne (1877-1956) luchó por Sudáfrica contra las tropas británicas en la segunda guerra de los bóers (1902). Cuando Sudáfrica perdió ante el ejército británico, muy superior, él fue a Inglaterra y se unió a las tropas británicas. Sin embargo, no lo hizo por resignación, sino para dañar a los británicos desde dentro. En ese momento aún no era un espía oficial, solo impulsado por su odio a los británicos. Cuando llegó a casa y se dio cuenta de que los británicos habían matado a su hermana y estaban poniendo a su madre en un campo de concentración, Duquesne planeó su venganza.

Su plan era destruir Ciudad del Cabo. Lord Kitchener, responsable de la muerte de su hermana, vivía allí. El proyecto fue descubierto y Duquesne fue arrestado junto con sus hombres.

Después de la guerra, Duquesne fue a Escocia, localizó a Lord Kitchener y voló el barco en el que se encontraba. Para desviar posibles sospechas, Duquesne fingió su propia muerte. En el New York Times escribió su propio obituario, afirmando que fue asesinado por una horda de amazonas mientras protegía su tesoro.

Siguieron años sin ser atrapado y escapando de la cárcel, hasta que se unió a los nazis en la Segunda Guerra Mundial. Fundó la notoria "red de espionaje de Duquesne" en los EE. UU., que contaba con 33 espías. La red de espionaje fue desmantelada por el FBI. El famoso J. Edgar Hoover, jefe del FBI, describió la operación como el mayor éxito de contrainteligencia en la historia de Estados Unidos.

Elisabeth Schragmüller

(1887-1940) Conocida como «Madame Doctora». Con sus sofisticados informes secretos, la científica Dra. Elisabeth Schragmüller eclipsó con creces a su competencia como agente masculino. Durante la Primera Guerra Mundial dirigió el departamento de espionaje alemán. Se dice que Schragmüller llegó al frente belga en 1916 con documentos falsificados para explorar la cooperación aliada allí. Disfrazada de granjera, emprendió el viaje de regreso. La espía se destacó por sus informes precisos sobre las tropas belgas.

En ese momento, una mujer en tal posición era tan inusual que se tejieron numerosos mitos sobre ella. En el bando aliado circularon varias leyendas sobre "Mademoiselle Docteurs", como se llamaba a Schragmüller, cuya verdadera identidad, sin embargo, desconocían los servicios secretos aliados. Cuando terminó la Primera Guerra Mundial en 1918, se buscaba al espía de forma anónima. Sin embargo, no fue hasta 1945, cinco años después de su muerte, que fue identificada.

Fritz Kolbe

Fritz Kolbe (1900-1971) era el espía más importante de los aliados. Como funcionario del Ministerio de Asuntos Exteriores, arriesgó su vida al pasar información sobre los planes de Hitler al servicio secreto estadounidense. Sin embargo, su información no tuvo el impacto que podría haber tenido, ya que el gobierno de los EE. UU. había pensado que podría haber sido un agente doble proporcionando información falsa. Su enlace estadounidense Allen Dulles, quien luego se convirtió en jefe de la CIA, y elogió a Kolbe como uno de los mejores espías que jamás haya tenido un servicio secreto.

Los Rosenberg y Klaus Fuchs

Julius y Ethel Rosenberg, Klaus Fuchs y David Greenglass pasaron información sobre el desarrollo de la bomba atómica en los EE. UU. a la Unión Soviética en la década de 1940. Greenglass fue colaborador del Proyecto Manhattan, que produjo las primeras bombas atómicas durante la Segunda Guerra Mundial. Su hermana Ethel Rosenberg y su esposo Julius lo persuadieron para obtener información al respecto.

Klaus Fuchs fue un físico alemán que participó por primera vez en los intentos británicos de desarrollar una bomba atómica en 1941 y luego trabajó en los laboratorios de Los Álamos en el programa de la bomba atómica estadounidense. En Gran Bretaña ya había comenzado a revelar información sobre su trabajo a la Unión Soviética.

Cuando los espías fueron arrestados a fines de la década de 1940 y principios de la de 1950, Fuchs y Greenglass confesaron y fueron sentenciados a largas penas de prisión. Greenglass también incriminó gravemente a los Rosenberg para obtener una sentencia reducida. Su hermana y su esposo fueron ejecutados en 1953.

La motivación de los cuatro espías atómicos fue que eran comunistas, convencidos de que era correcto permitir que la Unión Soviética también construyera la bomba atómica.

Alfred Redl

Alfred Redl hizo carrera en el ejército de la monarquía dual austrohúngara. Este oficial era considerado diligente y digno de confianza, hablaba polaco y ruso y llegó al puesto de subjefe del servicio de inteligencia militar, la "Oficina de Registros". Allí Redl tuvo acceso a casi toda la información secreta del espionaje austríaco. Redl reveló todo lo que sabía a la Rusia zarista, donde figuraba como Agente No. 25. R. Redl era homosexual (lo que estaba mal visto y prohibido en ese momento) y, por lo tanto, estaba abierto al chantaje por parte de varios países extranjeros que lo obligaban a dar informaciones.

Alfred Redl vivía en Praga desde octubre de 1912, destinado como Jefe de Estado Mayor del VIII Ejército, brindaba información tanto a franceses, italianos y rusos.

Quizá no era muy pródigo en entregar documentos, pero cuando lo hacía les brindaba piezas de primera categoría, desde la identidad de los agentes establecidos en los dominios del Zar hasta el Plan III para invadir Serbia, no sin olvidar maniobras de despiste para propiciar ingentes pérdidas presupuestarias y de capital humano, incrementado este último con el estallido de la Gran Guerra, calculándose el impacto de las operaciones de contraespionaje de Redl en más de medio millón de bajas, muchas de ellas al inicio de las hostilidades, cuando su Imperio desencadenó el conflicto tras el asesinato de Sarajevo a mediodía del domingo 28 de junio de 1914.

Redl casi fue atrapado después de una pista sobre fuga de información. En 1913 tras una operación para atrapar al "topo" fue desenmascarado. Después de una breve confesión, pidió un revólver, se lo concedieron y se suicidó en la habitación del hotel. Al año siguiente, tras el estallido de la Primera Guerra Mundial, la eficacia de la traición de Redl se hizo evidente: los rusos conocían los planes de despliegue de Austria-Hungría.

Redl llevó una vida extravagante que costó mucho dinero. Por su traición, recibió generosos honorarios del servicio secreto ruso Rasvedka. A cambio, pagó automóviles y sirvientes, cenó en los restaurantes más caros y compró relojes finos. También proporcionó dinero a su amante, financió su apartamento y equitación. En pocos años depositó 150.000 coronas en una cuenta, diez veces su salario anual.

Robert Hansen

Como agente del FBI, Robert Hanssen logró filtrar información clasificada a la Unión Soviética y luego a Rusia durante un período de 22 años, incluidas las identidades de los informantes al servicio de los Estados Unidos. Luego, dos de esos espías fueron ejecutados. Hanssen, quien trabajaba para la contrainteligencia del FBI, fue arrestado en 2001 y sentenciado a cadena perpetua. Se había ofrecido al servicio secreto soviético GRU como topo.

Hanssen supuestamente recibió casi un millón y medio de dólares por su traición. Y el dinero fue la única razón que el propio Hanssen dio para su comportamiento.

Oleg Gordievski

El coronel Oleg Gordievsky del servicio secreto soviético KGB fue reclutado por el servicio secreto británico MI6 en 1974 y luego organizó el espionaje soviético en Gran Bretaña desde la oficina de la KGB en Londres. Después de ser interrogado en Moscú en 1985 y en riesgo de ser descubierto, el MI6 lo ayudó a escapar a Gran Bretaña.

En una entrevista de 1995 con la BBC, Gordievsky explicó: "Fue la influencia de mi madre quien, con su sentido común, su actitud campesina, su normalidad, me mostró la realidad de la vida en la Unión Soviética - en la derecha luz y las dimensiones adecuadas." Entonces, después de convertirse en agente de la KGB, en gran parte por dinero y fama, decidió desertar por razones idealistas.

Ferdinand Walsin-Esterházy (El caso Dreyfus)

La república francesa moderada de 1879 a 1899 atravesó una serie de crisis. En el contexto de los desastres militares de 1870-71, la crisis económica de los años 80, el colapso financiero de la Unión General, el escándalo de Panamá, la ola de ataques anarquistas de Ravachol o Auguste Vaillant y culminando con el asesinato del presidente Sadi Carnot por Caserio en 1894, el sentimiento de inseguridad creció significativamente. Para contrarrestar las dudas y humillaciones, por el afán de venganza y de restauración del orden, el régimen republicano se reorientó hacia un nacionalismo agresivo en el que, entre otras cosas, el antisemitismo, fortalecido por

escritos como el virulento panfleto "La France juive",
encuentra su lugar.

Alfred Dreyfus, era hijo de un industrial alsaciano de
origen judío que aprovechó al máximo la revolución
industrial y sentó las bases de su propia hilatura de
algodón que aseguró su ascenso social. Nació en 1859
en Mulhouse, por lo que tenía 11 años cuando estalló
la guerra franco-alemana, con la consecuencia de la
anexión de Alsacia a Alemania, que trastornó la vida
de la familia Dreyfus. Para preservar su identidad
francesa frente a la germanización de la región, la
familia se traslada a Carpentras. En 1873, Alfred es
enviado con su hermano a París para estudiar en la
Politécnica. Apasionado del ejército, ingresó al servicio
del Estado Mayor con el grado de capitán. Durante dos
años trabajó en la sección de estadísticas, en realidad
el servicio de información.

El 27 de septiembre de 1894, los empleados del
departamento descubrieron en la basura del agregado
militar alemán en París un memorándum anónimo que
anunciaba el envío de una serie de documentos
relativos a la seguridad nacional. Bajo el pretexto de la
similitud de la escritura del emisor con la de Dreyfus,
se le acusa de haber proporcionado documentos
secretos a Alemania. En vano protesta por su
inocencia: el general Auguste Mercier, ministro de la
Guerra, ordena al comandante Hubert Henry que
elabore un expediente sobre el capitán Dreyfus,
compuesto esencialmente por datos erróneos, que
luego se envía ilegalmente a los jueces sin notificar a
la defensa. Nadie del personal general tenía
habilidades en grafología, sin embargo, Dreyfus se
convirtió en un chivo expiatorio. El círculo de

sospechosos se redujo brevemente a un aprendiz y un artillero sospechoso, quien, además de su religión, también era de origen alsaciano, por lo que se benefició en su carrera por su conocimiento de la lengua y la cultura alemanas. Además, Dreyfus era en ese momento el único oficial judío admitido recientemente en el estado mayor general.

El 22 de diciembre, Alfred Dreyfus fue juzgado por alta traición por el consejo de guerra del gobierno militar en París, que lo despojó de sus derechos y lo condenó a la deportación a la Isla del Diablo en Guyana. Las discusiones sobre el fondo encontraron muchas contradicciones, en el esquema del expediente de acusación había justificaciones pecuniarias sin sentido para Dreyfus que era rico. Pidió ser confrontado con el denunciante, y sus argumentos lógicos y precisos sembraron dudas en los jueces.

Convencido de la inocencia de su hermano, Mathieu Drayfus decidió, con el apoyo del periodista Bernard Lazare, que ya había denunciado en "La justicia" el alcance de las manifestaciones antisemitas, probar que las acusaciones carecían totalmente de fundamento. En marzo de 1896, el nuevo jefe de la sección de inteligencia, el coronel Piquart, se inclinaba a creer que el verdadero culpable era un tal Esterhazy, lo que conduciría a su destitución y envío al sur de Túnez. El vicepresidente del Senado, Auguste Scheurer-Kestner, decidió reavivar los ánimos, pero no consiguió el visto bueno del gobierno para revisar el caso. El Ministro de Guerra continuó afirmando que Dreyfus había sido condenado correctamente, y el presidente del consejo que juzgó negó la existencia del llamado "asunto Dreyfus". Por su parte, Esterhazy fue declarado inocente por el mismo consejo.

Después de iniciar una campaña de prensa en "Le figaro" que fue inmediatamente suprimida por el redactor jefe, Emile Zola publicó el 13 de enero de 1898 en "L'Aurore" una carta abierta dirigida al presidente Félix Faure titulada "J'accuse", en el que ataca con saña al Estado Mayor por el hecho cometido contra Dreyfus sin ninguna prueba. El artículo provocó un gran escándalo y le valió a Zola una pena de prisión de un año y una multa de 3.000 francos. El juicio de Zola indignó a la población y el problema se expandió al ámbito público y político. La prensa y la sociedad se dividió.

Por la izquierda estaban les dreyfusard, quienes invocaron los derechos humanos, la libertad individual, la búsqueda de la verdad y la justicia, por lo que exigieron la revisión del proceso. Intelectuales como Clemenceau, los llamados "judíos y protestantes" acusados de destruir la nación, se congregaron contra las calumnias, insultos y acciones violentas de los opositores a la revisión del proceso. Entre ellos se encontraban académicos y autores como Lucien Herr, Anatole France, Charles Peguy, Jeau Jaures, Marcel Proust y Andre Gide.

El 5 de julio de 1898, la familia Dreyfus presentó una solicitud de revisión al nuevo Ministro de la Guerra, Godefroy Cavaignac, para examinar el documento incriminatorio. En agosto finalmente se descubrió que se trataba de una falsificación producida por el coronel Henry, quien se suicidó poco después. El incidente provocó una oleada de dimisiones, incluidas las de

Boisdeffre y Cavaignac, hostiles a la revisión del proceso.

La rehabilitación despúes de la condena se dejó esperar. Jean Jaures, reelegido en 1902, relanzó el juicio, y en 1904 Dreyfus obtuvo la revisión. Finalmente, el 12 de julio de 1906, el tribunal de casación anuló la sentencia de Rennes, permitiendo que Dreyfus fuera reincorporado al ejército. También fue ascendido a jefe de batallón y oficial de la Legión de Honor, y el general Picquart también fue reintegrado.

Uri Yisrael

En 1950, el Mossad implementó un plan cuyo nombre en código era "Proyecto Ulysses". Consistía en la introducción permanente en la comunidad palestina de agentes dobles que debían obtener información sobre posibles acciones militares contra Israel. El programa se lanzó dos años después de que Israel declarara su independencia y la primera guerra con los estados árabes.

Israel ganó este enfrentamiento, pero la escala de hostilidad de los estados vecinos mantuvo despiertos a los líderes israelíes por la noche. Por lo tanto, los trabajadores del Mossad desarrollaron un plan que duraría años para ocultar profundamente a los agentes. Se suponía que iba a suceder de una manera bastante inusual: los agentes israelíes se casarían con palestinas y formarían familias, afirmando ser árabes; los autores del plan tenían la intención de que esa solución hiciera que los agentes fueran lo suficientemente creíbles para darles el acceso más amplio posible a los secretos de la diáspora palestina.

La existencia del "Proyecto Ulysses" fue revelada en la revista "Yedioth Ahronoth", que informó la historia de uno de esos agentes. Uri Yisrael vivió una doble vida durante 15 años; como esposo de una mujer palestina, con quien tuvo hijos, se enteró de las actividades de la Organización para la Liberación de Palestina (OLP) mientras trabajaba como empresario.

Yisrael provino de un grupo de inmigrantes judíos de los estados árabes que llegaron a Israel poco después de su creación. En 1950, se ofreció como voluntario para trabajar para el Mossad, que estaba listo para los métodos menos convencionales con los que era posible proteger al joven estado. El entonces jefe del Mossad, Iser Harel, persuadió a Uri para que se uniera al programa Ulysses, enfatizando que era un asunto de "la más alta importancia nacional".

Yisrael, al igual que sus colegas, tuvo que cortar los contactos con su familia y someterse a un extenso entrenamiento en un centro en Jaffa. Años después, el comandante de la unidad de Uri recordó que las madres de sus pupilos le habían pedido reiteradamente que contactara a sus hijos, pero las autoridades del Mossad se negaron, explicando que eso sería un obstáculo en el proceso de asumir una nueva identidad. Durante el curso, los estudiantes aprendieron no solo sobre las técnicas de espionaje y sabotaje, sino también sobre las enseñanzas del Corán y las costumbres de los palestinos.

En última instancia, el entrenamiento fue completado por nueve agentes israelíes encargados de infiltrar la diáspora palestina en los estados árabes. La mayoría de ellos regresaron a Israel en 1959. Sin embargo, Uri y otro agente, cuyos datos personales no se habían hecho públicos, a pedido de los líderes del Mossad, permanecieron "encubiertos" durante los años siguientes. Fingiendo ser palestinos que odian a los judíos, ambos agentes vivieron en familias árabes durante varios años más.

Hoy se sabe que Yisrael, que vivía en el Líbano bajo el nombre de Abed al-Hader, entregó a la inteligencia israelí la primera información sobre la organización Fatah y participó en el intento fallido de eliminar a Yasser Arafat. Uri trabajaba como empresario todos los días, y él y su esposa tuvieron varios hijos. Un verdadero drama personal, resultado de ocultar durante años una doble identidad, era inevitable.

La verdadera identidad de Uri Yisrael fue descubierta por casualidad. Esto sucedió en Beirut en 1964. Mientras Uri transmitía inteligencia al Mossad en código Morse, su esposa entró inesperadamente en la habitación. Completamente sorprendido, el hombre decidió decirle la verdad: dijo que era un agente secreto que trabajaba para Israel.

Las esposas y los hijos de estos agentes dobles tuvieron que enfrentar, tarde o temprano, la oscura historia de sus esposos y padres; sin embargo, ninguno de ellos fue extraditado. Algunas de las mujeres fueron traídas a Israel por la inteligencia israelí, donde sus familias fueron atendidas; también se sabe que algunas de ellas se convirtieron al judaísmo y se unieron a las filas del ejército israelí.

La operación que involucró a Uri fue una de las misiones más extrañas de su tipo en la historia del mundo de la inteligencia. Sin embargo, los servicios de inteligencia de otros países también operaron de acuerdo con tales patrones; la mayoría de estas operaciones se llevaron a cabo durante la Guerra Fría; sin embargo, hubo momentos en que dichos agentes asumieron una identidad diferente y se mezclaron con su entorno, pero no tenían un objetivo claramente definido de su misión.

Este fue el caso, por ejemplo, de los rusos que fueron colocados en los Estados Unidos por la KGB. El último caso de alto perfil fue el de Anna Chapman, una espía rusa que opera en Nueva York; Según los expertos, el atractivo agente "encubierto" no obtuvo ninguna información importante, convirtiéndose solo en una celebridad creada por los medios.

Dušan "Duško" Popov

Nació el 10 de julio de 1912 en Titel, en lo que entonces era Austria-Hungría (ahora Serbia). Sus padres fueron Milorad y Zora Popov. Tenía dos hermanos, el mayor Ivan "Ivo" y el menor Vladan. Provenía de una rica familia serbia que heredó a su abuelo paterno de Omer, un banquero e industrial. Creció en la Dubrovnik croata. La infancia de Dusan coincidió con los cambios políticos que tenían lugar en los Balcanes. Después del final de la Primera Guerra Mundial, Austria-Hungría se derrumbó, lo que resultó en el surgimiento de varios países, entre ellos Reino de los serbios, croatas y eslovenos, más tarde en 1929 rebautizado como Reino de Yugoslavia. El nuevo estado se vio atormentado por conflictos internos y luchas políticas entre grupos étnicos individuales, especialmente entre serbios y croatas. Sin embargo, la familia Popov estaba alejada de la agitación política, disfrutando de una vida lujosa y de prestigio.

El joven Dushan recibió una educación completa, asistiendo a prestigiosas escuelas en París, así como en Ewell, Inglaterra. Sabía muy bien varios idiomas. Además del serbio, hablaba con fluidez alemán, italiano y francés. A la edad de 18 años, comenzó a estudiar derecho en Belgrado. Mientras tanto, se convirtió en una persona famosa en los círculos sociales, visitando los cafés y clubes nocturnos de Belgrado. Incluso entonces, se ganó la reputación de mujeriego y playboy.

En 1934 viajó a Alemania, donde un año después inició estudios en la universidad local, con el deseo de obtener un doctorado en derecho. En la universidad se hizo amigo de Johnny Jebsen, hijo de un magnate marítimo alemán de origen danés. Durante este período, Adolf Hitler y el partido nazi del NSDAP llegaron al poder en Alemania. Al principio, Popov no se interesó mucho por la política. Esto cambió con el tiempo, cuando comenzaron las quemas masivas de libros, la persecución de los judíos y los primeros campos de concentración. Durante los debates estudiantiles, criticó la política nazi escribiendo artículos de prensa sobre el tema.

En el verano de 1937 se doctoró en derecho. Decidió ir a París para celebrar su éxito. Sin embargo, en el camino fue arrestado por la Gestapo. Fue interrogado y acusado de ser miembro del Partido Comunista. Su comportamiento anterior fue observado de cerca por agentes secretos, y los amigos de Popov también fueron examinados con interés. Posteriormente, fue juzgado en prisión sin ningún procedimiento judicial oficial. Cuando Jebsen recibió la noticia del arresto de su amigo, llamó al padre de Popov y le informó de lo sucedido. El padre de Popov se puso en contacto con el primer ministro de Yugoslavia, Milan Stojadinovic, quien planteó el tema a Hermann Göring. Después de ocho horas de detención, Popov fue puesto en libertad y se le ordenó que abandonara Alemania inmediatamente en un plazo de 24 horas. Habiendo recogido sus pertenencias, partió hacia Basilea, Suiza. Popov expresó su gratitud a Jebsen y dijo que si alguna vez necesitaba ayuda, podía contar con él. En otoño de 1937 regresó a Dubrovnik, donde comenzó a trabajar como abogado. También completó su servicio militar esencial.

En febrero de 1940, recibió una solicitud de su amigo Jebsen para reunirse en Belgrado en el Serbian King Hotel. Pidió la ayuda de Popov para obtener una licencia naval yugoslava para la compañía naval de su familia para evitar el bloqueo naval aliado en Trieste. Aceptó ayudar a Jebsen, quien regresó a Berlín completando la documentación pertinente. Dos semanas después, se reencontraron. Esta vez, Jebsen le informó a Popov que se había unido al servicio de inteligencia alemán Abwehr como investigador, lo que le permitía viajar libremente por Europa. La razón por la que se unió fue para evitar ser reclutado por la

Wehrmacht. Popov se sorprendió porque su amigo, como él, tenía una clara actitud antinazi. Jebsen le ofreció un trabajo para la inteligencia alemana, pero él se negó.

Inmediatamente decidió acudir a Clement Hope, el oficial del departamento de pasaportes de la embajada británica en Belgrado, para informarle sobre esta propuesta. Como resultará más adelante, el departamento de pasaportes era de hecho la sede de la inteligencia militar del MI6. Después de dos días de conversaciones, se le ofreció servir en la inteligencia británica de Su Majestad como agente doble. Recibió instrucciones de informar a la Abwehr y cooperar con Jebsen. Recibió el nombre en clave "Ivan" de los alemanes y "Skoot" de los británicos. También trabajó para el servicio de inteligencia yugoslavo. Posteriormente será conocido como el agente "Triciclo". Su servicio duró casi toda la guerra, desde 1940 hasta 1944.

En la primera reunión con Abwehr, Popov mintió diciendo que tenía amplios contactos en Inglaterra. Para ganarse la confianza de los alemanes, tuvo que ir a la neutral Portugal, que entonces era un centro de espionaje muy activo. En Lisboa, lo esperaba un oficial de enlace, una agente alemana, Elizabet Sarba, para ponerlo en contacto con Ludovico von Karstoff. De hecho, su nombre era Kremer von Auenrode, era un aristócrata alemán que colaboró con la Abwehr. Pronto Popov se ganó su confianza y recibió todas las instrucciones. Aprendió la técnica alemana de encriptación de letras. Consistía en reducir el contenido del mensaje al tamaño de un punto mecanografiado en una hoja A4. Ocultar información secreta de tal manera permitia su fácil transmisión sin despertar sospechas.

En noviembre de 1940, por orden de la Abwehr, fue a Londres, donde iba a dirigir una empresa de importación y exportación bajo la apariencia de Inglaterra y Yugoslavia. Su objetivo principal era expandir la red de espionaje. Se suponía que debía proporcionar información secreta sobre, entre otras cosas, el número y la moral de las fuerzas británicas. De hecho, realizó acciones de desinformación contra la inteligencia alemana. En su camino entre Londres y Lisboa, pasó a Alemania informes y mensajes falsos preparados previamente por el MI6.

El 20 de diciembre de 1940, Popov fue al hotel Savoy de Londres, donde lo esperaba el oficial de inteligencia británico Thomas Argyll Robertson. Era responsable de dirigir y supervisar a los agentes dobles. Quería comprobar la credibilidad de Popov. Después de ganarse la confianza, se sometió a un entrenamiento adicional. Popov fue invitado a casa en la víspera de Año Nuevo por el jefe del MI6, el general de división Stewart Menzies, conocido como "C". En una fiesta conoció a la artista de cabaret inglés Fridel Gartner. Estaba encantado con ella, sin saber que era una agente del MI6 cuyo nombre en código era "Gelatina".

Duško Popov llevó una rica vida social, un estilo de vida lujoso. Amaba a las mujeres y los autos veloces. A menudo se le veía en restaurantes y bares, acompañado de hermosas mujeres. Conoció, entre otras, a una bien formada rubia brasileña Maria Elera. Su comportamiento perturbó a la inteligencia británica porque atrajo demasiada atención sobre sí mismo.

Fridel Gartner, "Gelatina", fue enviada a Portugal para acompañar a Popov, y también a Ian Fleming, que lo vigilaría. Popov fue visto a menudo en el casino, en el Palacio Hotel en Estoril.

En agosto de 1941, la Abwehr lo envió a los Estados Unidos para formar una red de espionaje alemana allí. Esto iba a ser de gran importancia para Hitler, que estaba planeando una guerra con los Estados Unidos. Los británicos temían perder de vista a uno de los mejores agentes dobles. Popov les presentó a los alemanes sus planes para la operación llamada "Midas". Así, Popov lavó el dinero alemán en EE. UU. y se lo entregó al MI6. Gracias a esta operación, la Abwehr perdió 85.000 dólares, que hoy equivaldrían a $2 millones.

Antes de partir hacia los EE. UU., Popov se puso en contacto con Jebsen. En nombre de los aliados japoneses, la Abwehr le pidió a Popov que fuera al puerto de Taranto en Italia y verificara por qué la última incursión británica fue tan exitosa. Después de la llegada de Popov y la recopilación de información, resultó que esta fue la primera incursión realizada completamente desde portaaviones. A su vez, en el micropunto, donde había escrito los objetivos de la misión estadounidense, debía averiguar dónde estaba ubicada la base naval en el Pacífico llamada Pearl Harbor. Popov asoció estos dos hechos y se dio cuenta de que los japoneses estaban planeando un ataque a Pearl Harbor. Inmediatamente después de llegar a Washington, se dirigió a la sede del FBI para informar a los estadounidenses sobre un posible ataque al puerto. Sin embargo, el jefe del FBI, John Edgar Hoover, consideró a Popov como una persona poco confiable como agente doble y se negó a reunirse. En cambio, envió un equipo de agentes para investigarlo.

Durante su estancia en Nueva York, se reunió con la actriz francesa Simon Simon, una estrella de Hollywood a la que conoció antes de la guerra en París. Pronto su amistad se convirtió en un apasionado romance. Poco a poco se fue quedando sin el dinero que le daban los alemanes, y ella financió su estilo de vida. Popov recibió un telegrama repentino de Lisboa de Karstoff, quien exigió que se reuniera con Elizabet Sarba y otros agentes de la Abwehr en Río de Janeiro. Los alemanes estaban interesados en saber por qué los estadounidenses buscaban yacimientos de mineral de uranio en América del Sur. Popov no se dio cuenta de que había una carrera armamentista entre alemanes y estadounidenses en la producción de una bomba nuclear.

En 1944, Popov fue clave para el éxito de la Operación Fortaleza, cuya tarea era confundir a la inteligencia y al personal alemán sobre los planes reales de los Aliados, que era el desembarco del Día D en Normandía. El plan fue un engaño masivo para construir cientos de tanques y aviones ficticios. Popov, junto con otros agentes dobles, proporcionó información falsa sobre un ataque aliado planeado en Noruega, en la región de Pas-de-Calais, o con el propósito de transferir tropas de desembarco al Mar Báltico por parte de la Suecia neutral. Los alemanes se tragaron la trampa y enviaron 15 divisiones blindadas y un cuarto de millón de soldados a Pas-de-Calais. En su último viaje a Londres, Popov se llevó información sobre una nueva arma secreta nazi. Von Karstoff advirtió a Popov que se mantuviera alejado de Londres en el corto plazo. Se planeó usar la nueva arma de cohetes V1 contra los británicos.

Apenas unas semanas antes de la Operación Fortaleza, la Gestapo arrestó al amigo de Popov, Johnny Jebsen. Los británicos temían que Jebsen traicionaría y revelaría las verdaderas actividades de Popov al poner en peligro el plan de aterrizaje del Día D. Sin embargo, ya era demasiado tarde para interrumpir la operación. A pesar de la tortura, Jebsen no reveló ninguna información. Poco después, Popov se sorprendió por la noticia de la muerte de su amigo.

Por su servicio, fue galardonado con la Orden del Imperio Británico. Después del final de la guerra, dejó su trabajo en inteligencia y se instaló en Francia.

Ian Fleming, que se convirtió en escritor, se inspiró en Popov para su novela de James Bond. En 1974, Popov publicó sus memorias de tiempos de guerra en el libro "Spy / Counter Spy". Al final de su vida, abusó del alcohol y del tabaco. Murió el 10 de agosto de 1981 en la Costa Azul a la edad de 69 años. Tenía dos esposas y tres hijos.

Juan Pujol García

Hubo muchos espías legendarios que trabajaron en la Segunda Guerra Mundial. Sus acciones espectaculares hasta el día de hoy deleitan a los historiadores y entusiastas de los ases de inteligencia de la Segunda Guerra Mundial, viéndolo como el prototipo del ícono de la cultura pop: James Bond. Si alguien pudiera ostentar este honroso nombre, sería

Juan Pujol García (Nacido en Barcelona, España, el 14 de febrero de 1912 y fallecido en Caracas, Venezuela, el 10 de octubre de 1988). Este agente, utilizaba el seudónimo de "Garbo". En 1941 intentó sin éxito establecer una cooperación con la inteligencia británica. Su solicitud fue rechazada, lo que, sin embargo, no le impidió ayudar a los Aliados. Se dirigió a los alemanes, quienes aceptaron de buena gana la oferta de utilizar sus servicios. Debía espiar a los británicos, o eso declaró.

"Arabel", porque ese fue el seudónimo que le dieron los alemanes, fue enviado a Londres. Sin embargo, no llegó a Gran Bretaña. Se instaló en Lisboa, desde donde enviaba regularmente informes falsos a la sede alemana, engañando hábilmente a sus superiores, quienes nunca se dieron cuenta de que la red de espionaje que había construido no existía. De hecho, existió en el papel y en la imaginación de Juan Pujol García, y actuó en beneficio de los ingleses. El agente doble incluso recibió la Cruz de Hierro como prueba de mérito en el campo de la inteligencia.

Los británicos finalmente se dieron cuenta de que Pujol podía serles de gran ayuda, especialmente en el campo de la desinformación. También accedieron a su servicio oficial en el Comité XX. En 1944, utilizaron sus servicios para engañar a los alemanes sobre dónde desembarcarían las tropas aliadas en Europa occidental.

Después de la guerra, "Garbo" se escondió, fingió su propia muerte y finalmente fue encontrado en la década de 1980 por el escritor Nigel West. Los caballeros crearon juntos una historia extraordinaria, anotando los recuerdos de guerra de Pujol en el libro "Más sobre Garbo", que incluye una descripción detallada de sus acciones e ideas.

Krystyna Skarbek (Christine Granville)

Fue la primera mujer y la agente británica con más años de servicio durante la Segunda Guerra Mundial. Nacida en Varsovia en 1908 como Krystyna Skarbek, se unió a la inteligencia británica después de la invasión alemana de Polonia en 1939. El agente que la reclutó describió a Skarbek con las palabras: "Una gran patriota polaca, esquiadora experimentada y una verdadera amante de la aventura".

Durante la guerra, Krystyna Skarbek actuó en los frentes del este, oeste y medio oriente. Utilizó muchos seudónimos, aunque al comienzo de la guerra recibió un pasaporte británico a nombre de Granville, sobre el que luego escribió: "Quiero conservar el nombre de Granville, que me he ganado y del que estoy muy orgullosa". Una de sus misiones más impresionantes fue cruzar la nevada frontera polaca a -30 °C, pasar de contrabando un microfilm que contenía información sobre los planes de Adolf Hitler para invadir la Unión Soviética por parte de la Alemania nazi y liberar a los opositores franceses de manos de la Gestapo. Se dice que Skarbek inspiró al personaje de Vesper Lynd, la heroína de la primera novela de James Bond de Ian Fleming. Casino Royal (publicado en 1953).

Clare Mulley, autora de la biografía de Skarbek titulada "La espía que amó", citó "con demasiada frecuencia se elogia a las mujeres espías por su belleza, pero se dice muy poco sobre sus verdaderos logros". Krystyna Skarbek, también conocida como Christine Granville, fue una de las agentes especiales más dotadas, tanto entre mujeres como entre hombres, que sirvieron en la inteligencia británica durante la Segunda Guerra Mundial".

Churchill la llamaría su "espía favorita" y le otorgaría la Medalla de San Jorge y la Orden del Imperio Británico.

Morris y Lona Cohen

Morris Cohen era de una familia judía inmigrante, nació en Nueva York en 1910, mientras Leontyna Petka nació en Adams, EE.UU. en 1913, y se crio en una familia de inmigrantes católicos polacos. Cuando conoció a Morris Cohen, había fortalecido por completo sus puntos de vista anticapitalistas, pero incluso cuando se casó, no sabía que su esposo se había convertido en un espía soviético. La verdad se reveló después de la boda, que tuvo lugar el 22 de junio de 1941.

Poco después del matrimonio, Morris le contó a Leontine lo que estaba haciendo y le sugirió que trabajara con él, ya que sería más seguro para ambos. Leontina asintió sin dudarlo. Era una persona muy decidida y estaba lista para seguir a su esposo al mismo infierno. En el Centro eran conocidos bajo los seudónimos de "Louis" y "Leslie".

La primera tarea conjunta de los Cohen fue robar planos para un arma estadounidense recientemente desarrollada. Leontina conoció a un joven a quien luego llamaría Allen en sus informes. Fue él quien, a cambio de $ 2,000, sacó a pedido de ella, no solo los dibujos, sino también el modelo de trabajo de la nueva ametralladora. Morris lo tomó, lo escondió en un estuche de violín, y así pudo entregárselo a su curador soviético.

Morris en ese momento ya había formado su propia red de agentes de trabajo, que se llamó "Voluntarios". El hecho es que los Cohen tomaron dinero exclusivamente para gastos, ellos mismos no recibieron ningún ingreso de sus actividades de espionaje. Cuando Morris fue movilizado y enviado al frente en 1942, Leontina asumió la dirección del grupo. Se dedicó al espionaje industrial, técnico y científico, estableciendo conexiones con las personas adecuadas e induciéndolas a cooperar de diversas formas. La propia Leontina trabajó como operadora de máquinas en fábricas de defensa. En 1942 a Publix Metals y en 1943 a Aircraft Screw Products. Como oficial de inteligencia, pasó información secreta de un agente a otro, coordinó operaciones y envió información a Moscú.

Morris en este momento peleó honestamente para los EE.UU. Cumplió el Día de la Victoria en el Elba con el grado de cabo y con varias condecoraciones militares. En ese momento, Leontina estaba en Los Álamos, donde se estaba llevando el desarrollo de la bomba atómica, y su fuente, que se suponía que debía transmitirle información, servía en el laboratorio del "Proyecto Manhattan".

Sin embargo, cuando tuvo lugar su reunión con el agente, surgió un problema: la documentación técnica tenía que llevarse de alguna manera a Nueva York, y en la estación, la policía registraba con mucho cuidado a todos los que salían. A Leontine Cohen se le ocurrió un movimiento brillante. Todos los documentos estaban en microfilm. Los puso en una caja de pañuelos.

Como se esperaba, la policía se presentó para revisar el equipaje. Lona abrió la bolsa con calma y luego comenzó a estornudar profundamente. Naturalmente, sacó la caja de pañuelos, extrajo un par de piezas, las usó para el propósito previsto y le dio la caja al agente del FBI. Mientras se realizaba el control, periódicamente volvía a estornudar y sacaba otra porción de servilletas de la caja en manos del agente. Cuando la inspección casi había terminado, Lona ya había dado un paso hacia su partida, y luego, "recordando" sus servilletas, las tomó con calma de las manos del policía, se subió al tren y se fue. Solo unos días después, los documentos ya estaban en Moscú.

En noviembre de 1945, Morris Cohen regresó a casa y la pareja continuó con sus actividades secretas, pero ya a fines de la década de 1940 quedó claro que los cónyuges debían ser sacados urgentemente de Estados Unidos, ya que los agentes del FBI se acercaban a ellos. En 1950, terminaron en la URSS, donde se formaron durante varios años. En 1954, el matrimonio llegó al Reino Unido. Compraron una casa no lejos de la base de las fuerzas aéreas estadounidenses, equipando allí un punto de contacto con Moscú. Como tapadera, la pareja usó una pequeña librería de segunda mano comprada por Morris. Los cónyuges, ahora bajo el nombre de Peter y Helen Kroger, trabajaron en el país durante cinco años y obtuvieron mucha información importante, incluida información sobre armas de misiles que se estaban desarrollando en el Reino Unido.

La CIA consiguió datos sobre el matrimonio espía y se los pasó al MI5. A principios de enero de 1961, fueron arrestados. El tribunal los condenó a 25 y 20 años de prisión respectivamente. Durante la investigación y el juicio, la pareja no brindó ninguna prueba que ayudara a identificar a otros agentes. Morris y Leontina pasaron nueve años en una prisión británica.

En la cárcel solo tenían la oportunidad de verse una vez al mes durante una hora bajo la supervisión de los guardias, y una vez a la semana podían escribirse cartas. Todas las ofertas de cooperación del MI5 a cambio de la libertad fueron rechazadas por los cónyuges. En 1969, Morris y Leontina fueron canjeados por el agente inglés Gerald Brooke y dos británicos más.

La pareja pasó los últimos años en la Unión Soviética. Primero trabajaron en la KGB y luego en el Servicio de Inteligencia Exterior de Rusia, formaron a jóvenes especialistas. Estuvieron juntos hasta el final de los días. Leontina murió en 1992, Morris sobrevivió a su esposa por tres años. Ambos recibieron el título de Héroe de Rusia a título póstumo, Morris Cohen en 1995 y Leontina Cohen en 1996.

Christopher John Boyce

Christopher John Boyce nació el 16 de febrero de 1953 en California. Además de él, la familia tenía tres hermanos más y cinco hermanas. Pero la familia numerosa no experimentó problemas materiales. El cabeza de familia, que anteriormente había trabajado para el FBI, se desempeñó como jefe de seguridad del gran fabricante de aviones McLonnell Douglas y recibió un buen dinero.

La infancia del chico transcurrió en Carolina del Sur, en un área donde vivían en su mayoría familias adineradas. Estando en plena juventud dorada, Chris ya de adolescente comenzó a frecuentar fiestas cool, donde el alcohol fluía como un río, todos fumaban marihuana, esnifaban "coca cola" y practicaban sexo promiscuo.

Por insistencia de su padre, Boyce ingresó a una prestigiosa universidad, de la que fue expulsado. Posteriormente, su padre lo unió a la prestigiosa firma TRW de California. La compañía desarrollaba programas secretos avanzados, incluso en el campo de la inteligencia espacial, para la Agencia de Seguridad Nacional de EE. UU. y el Pentágono. Además, los ingenieros de TRW, bajo un acuerdo de confidencialidad, sirvieron parte de los satélites espía que recopilaron información diversa sobre el territorio de la URSS.

Un año después, Boyce, sin una educación seria, tomó un buen puesto como gerente con un salario alto. A pesar de que trabajaba en una empresa seria, su visión de la vida no había cambiado mucho. Seguía siendo un fiestero al que le gustaba divertirse drogándose en compañía de prostitutas. Las cosas llegaron al punto en que Chris y otros jóvenes empleados de TRW organizaban fiestas justo en el territorio de un centro de comunicaciones especialmente vigilado por la Agencia de Seguridad Nacional y la CIA.

Los chicos escondieron botellas de whisky detrás de paneles de dispositivos de encriptación y usaron un dispositivo diseñado para recoger los códigos de otras personas como mezclador de cócteles. Sin embargo, esto estaba lejos de ser las únicas libertades.

A pesar de que Boyce recibía un buen salario, todavía no era suficiente. Las fiestas frecuentes, la cocaína y las chicas divertidas vaciaban regularmente sus bolsillos. En busca de dónde sacar algo de dinero, llegó a la conclusión de que los rusos podrían estar interesados en la información a la que tenía acceso. La información que los ingenieros de TRW tomaron de los satélites estadounidenses sobre el territorio de la URSS fue realmente valiosa para la KGB. Sin embargo, Boyce tenía miedo de ofrecer cooperación personalmente. El servicio de seguridad de la empresa monitoreaba los movimientos y llamadas de los empleados, y sus contactos con los rusos podían quedar a la vista.

El tipo gracioso hizo todo más fácil. Su amigo Andrew Lee no tenía acceso ni a secretos militares ni a mucho dinero, lo que significa que no estaba interesado en los servicios especiales. Lee traficaba con cocaína, por lo que recibió antecedentes penales y el apodo de Snowman. Al necesitar dinero, accedió a ofrecer secretos militares a los rusos. Y para no caer bajo el tope de la CIA o el FBI, los muchachos decidieron establecer contacto con la inteligencia soviética en México. Afortunadamente, desde California en coche hay un par de horas de viaje.

Para conspiración, Lee usó su apodo Snowman y Boyce tomó el apodo de Falcon. Entre sus aficiones estaba la cetrería, por lo que consideraba el apodo de Halcón bastante apropiado e incluso noble.

Andrew Lee fue solo a la embajada soviética en México, pero con un paquete de Boyce. Al principio, la información fue tratada con desconfianza, pero la información analizada en Moscú resultó de interés. La segunda vez, el representante de la embajada fue más cortés y accedió a discutir los detalles de la "cooperación".

Durante dos años, Boyce suministró mensualmente a Moscú películas de documentos capturados. De particular valor fue la documentación técnica de la estación espacial Rhyolit, con la ayuda de la cual Washington supervisó la cantidad y calidad de los lanzamientos de cohetes en el territorio de la URSS. Además, Boyce suministró regularmente copias de documentos sobre satélites militares estadounidenses y tarjetas de claves de máquinas de cifrado.

El "Muñeco de Nieve" fue el encargado de entregar la información, y para hacerse menos visible arrojaba un paquete con un microfilm sobre la reja de la embajada y se retiraba. Posteriormente, Lee recibia dinero de un extraño. Ganó $70,000 en dos años. Moscú estaba tan complacido con Boyce que prometió aumentar el salario si se graduaba de la universidad y conseguía un trabajo en la CIA o la NSA. Además, la probabilidad de conseguir un "topo" en el servicio de inteligencia estadounidense era muy alta. Bueno, como guinda del pastel: la promesa del agregado militar de otorgar a Chris Boyce la ciudadanía de la URSS e incluso el rango de oficial de la KGB.

Pero todo tiene un final. El 6 de enero de 1977, Lee llegó como de costumbre a la Ciudad de México y se acercó al cerco de la embajada. No vio a dos policías que lo observaban desde la ventana de un patrullero. Intentó arrojar un bulto por encima de la valla, que los policías confundieron con una bomba y lo detuvieron.

El embajador de EE.UU. en México decidió acercarse a la comisaría y, cuando le entregaron las pertenencias del detenido, vio, entre otras cosas, una cápsula con un microfilm. El segundo interrogatorio de Lee fue realizado por la CIA. El joven intimidado, inmediatamente confesó haber espiado para la URSS y nombró a la fuente de información: Chris Boyce. Este último atribuyó su cooperación con Moscú a la decepción en la política estadounidense después de la guerra de Vietnam y al escándalo de Watergate. Cuando Washington evaluó la magnitud de la fuga, comparó las acciones del "Halcón y el Muñeco de nieve" con un desastre nacional. En julio de 1977, Andrew Lee fue condenado a cadena perpetua y Chris Boyce a 40 años de prisión.

El ambicioso joven no iba a permanecer en la cárcel toda su vida, y en enero de 1980, después de romper el alambre de púas con un cortador de metales, huyó. El FBI lógicamente buscó al delincuente en el exterior, pero logró ubicarlo bajo el nombre de Anthony Lester en Washington.

En agosto de 1981, el FBI rastreó al espía y lo arrestó. Resultó que, durante su estadía en libertad, Boyce también robó 17 bancos en los estados de Washington e Idaho. La nueva sentencia agregó tres años a su condena por fuga y otros 25 años por robos a bancos. En 1985, basada en la historia de Boyce y Lee, se filmó en Hollywood la película de acción Angels Falcon and the Snowman, donde Timothy Hutton y su amigo Sean Penn interpretaron al dúo espía.

Christopher Boyce fue puesto en libertad condicional el 16 de septiembre de 2002 después de cumplir una pena de poco más de 25 años,

Ronald Peltón

Ronald Pelton nació en 1941 en Benton Harbor, Michigan. Sirvió en la Fuerza Aérea de EE. UU., donde aprendió ruso y fue enviado al centro de inteligencia estadounidense en Peshawar, donde estudió datos de intercepción de radio. Después de la desmovilización, ingresó a la NSA en 1965 y trabajó allí como analista hasta 1979, cobrando al final 24.500 dólares al año (ahora son unos 85 mil).

Pelton trató de construir una casa para su familia, pero no pudo porque le robaron los materiales de construcción. Nunca hubo suficiente dinero, se divorció de su esposa y consiguió una novia joven, en cuya compañía se volvió adicto a la bebida y las drogas.

Antes de dejar la NSA, Pelton se declaró en bancarrota y el 14 de enero de 1980 llamó a la embajada soviética en Washington y prometió darles "algo interesante".

El FBI grabó esta conversación y esperó a que se presentara en la embajada, pero no tuvieron tiempo de identificarlo.

Pelton ya no trabajaba en inteligencia y no tenía acceso a documentos secretos, y no los había almacenado antes. Pero tenía una memoria perfecta y proporcionó una serie de operaciones secretas a la KGB, sobre todo el proyecto con el nombre en código "Plush Bells", en el que los submarinos estadounidenses se conectaban a cables soviéticos submarinos en el fondo del Mar de Ojotsk.

En 1980 y 1983 voló a Viena, donde se alojó en la residencia del embajador soviético y habló con el oficial de la KGB Anatoly Slavnov. Las conversaciones a veces duraban ocho horas. Pelton no tenía nuevos secretos, pero ayudó a la KGB a interpretar la inteligencia de otras fuentes. En total, le pagaron solo 37 mil dólares.

El FBI se enteró de él por otro de sus interlocutores, el oficial de inteligencia soviético Vitaly Yurchenko, quien recibió a Pelton en la embajada en enero de 1980 y desertó al lado estadounidense cinco años después.

Luego, Yurchenko cambió de opinión y regresó a la URSS, pero ya había informado a los estadounidenses sobre la visita de Pelton. No recordaba su nombre, pero dijo que el hombre anónimo de la NSA era pelirrojo.

El FBI sacó los archivos, revisó a todos los pelirrojos en la NSA y se decidió por Pelton. Pero los micrófonos instalados en su auto y en su casa no registraron ninguna evidencia comprometedora. Entonces el FBI decidió fanfarronear.

Dos de sus empleados se reunieron con Pelton, le reprodujeron una cinta de su larga llamada a la embajada soviética y fingieron que su objetivo no era llevarlo ante los tribunales, sino usarlo como agente doble.

Pelton picoteó, habló y pronto fue arrestado. El 6 de diciembre de 1986, Ronald Pelton recibió tres cadenas perpetuas simultáneas por cometer espionaje en nombre de Rusia. Pelton fue liberado después de cumplir apenas 30 años de su cadena perpetua el 24 de noviembre de 2015.

John Anthony Walker Jr

Todo empezó una tarde de octubre de 1967. A las ocho de la noche un visitante entró rápidamente en las instalaciones de la embajada soviética en Washington.

Exteriormente, parecía discreto: de baja estatura, con rasgos pequeños, de cabello oscuro, delgado. Dirigiéndose al diplomático de turno, el hombre pidió ser conectado con un trabajador de la embajada sobre temas de seguridad.

Se presentó como un oficial de comunicaciones de servicio para la sede operativa de la Flota Atlántica de los EE. UU. en Norfolk (una gran base naval) y afirmó que le gustaría ofrecer información clasificada a cambio de una recompensa material.

La embajada sabía que tales visitantes debían ser tratados con extrema precaución. Como regla general, estos son provocadores enviados por contrainteligencia, personas con una psique perturbada o pícaros.

Los operativos conversaron con el visitante, dejó una buena impresión. El Coronel ruso Boris Solomatin decidió arriesgarse y tomó, como dijeron, una decisión de voluntad fuerte.

John Anthony Walker nació en 1937. Su infancia fue difícil, su padre bebía, su familia era pobre. A la edad de 18 años, lo atraparon robando en tiendas para evitar el castigo, fue a servir en la Marina, estudió para ser operador de radio de un barco.

El servicio salió bien, Walker se convirtió en oficial, ascendió al rango de jefe del departamento de comunicaciones en un submarino nuclear. Casado, tuvo cuatro hijos. Siempre le faltaba mucho dinero. Así que la decisión estaba madura: visitar la embajada soviética.

Boris Solomatin, se dio cuenta rápidamente de la importancia de los datos que podía proporcionar el nuevo agente. Como señalero, conocía los esquemas de los codificadores y tenía acceso a las claves de encriptación. Por él pasaban órdenes operativas, planes estratégicos del cuartel general del comandante de la flota submarina de EE. UU., descripciones técnicas y manuales.

Gracias a sus datos, Moscú conocía todos los movimientos de los submarinos estadounidenses alrededor del globo, esto hizo posible mantener en secreto sus campañas de submarinos.

Walker se retiró en 1975 para convertirse en investigador privado. La nueva profesión hizo posible viajar por el mundo, reunirse con los controladores de la inteligencia exterior soviética en Viena o Casablanca.

En ese momento, Walker había reclutado a su amigo, el operador de radio Jerry Whitworth, y consiguió que su hijo Michael sirviera en el portaaviones Nimitz. El hijo mayor, Arthur, un capitán retirado de tercer rango, comenzó a trabajar para una compañía de defensa. Todos proporcionaron datos que Walker pasó obedientemente a la KGB.

La esposa de Walker sabía lo que estaba pasando en la familia. Si bien todo estuvo bien, ella guardó silencio, pero en 1976 la pareja se separó. La esposa temía que su esposo involucrara a sus hijas en actividades de espionaje. Ella fue a la Oficina Federal de Investigaciones y lo delató.

El FBI tomó nota de esto, pero no se apresuró a sacar conclusiones y puso a Walker en vigilancia. En 1985, un empleado de la estación de inteligencia exterior de Washington, el teniente coronel Valery Martynov, se pasó al lado de los estadounidenses. Con su testimonio, Walker fue arrestado, atrapado in fraganti el 20 de mayo, cuando sacó documentos secretos del portaaviones Nimitz de un escondite.

A Son Michael, marinero de un portaaviones, le dieron 25 años. Otro hijo, Arthur, recibió tres cadenas perpetuas. El propio John Walker comenzó a cooperar con la investigación, por lo que se negoció solo con una cadena perpetua. El amigo operador de radio Jerry

Whitworth recibió 365 años de prisión. Jhon Walker falleció en prisión en el 2014, tenía 77 años.

El caso Edward Snowden

Al principio, vale la pena preguntarse: ¿estamos seguros del todo sin separarnos del teléfono o la computadora portátil todos los días? ¿Quién recopila y gestiona nuestros datos? La información sobre nosotros se puede utilizar para una variedad de propósitos: tanto para prevenir un ataque terrorista como para influir en el resultado de una elección.

En la era de la digitalización, las tecnologías modernas, los coches eléctricos o los edificios inteligentes, merece la pena detenerse un momento y analizar la ya olvidada historia de Edward Snowden.

A principios de noviembre de 2020, los medios informaron que Edward Snowden estaba solicitando la ciudadanía rusa. Como él mismo escribió en Twitter: "Después de años de separación de nuestros padres, mi esposa y yo no queremos separarnos de nuestro hijo. Por lo tanto, en la era de una pandemia y fronteras cerradas, estamos solicitando la doble ciudadanía estadounidense-rusa".

Edward Snowden es un programador que nació en Elizabeth City, Carolina del Norte, el 21 de junio de 1983. En 2006, se unió a la CIA. En 2009, debido a sospechas de piratería de archivos secretos, renunció para trabajar para contratistas privados como Dell y Booz Allen Hamilton. En Dell, trabajó como subcontratista en la oficina de la NSA (agencia de inteligencia de EE. UU.) en Japón, después de lo cual fue transferido a la oficina de Hawái. Poco después, cambió de trabajo a Booz Allen. La empresa también era subcontratista de la NSA. Solo trabajó para ella durante tres meses. Curiosamente, en 2016, Harold Thomas Martin, otro empleado de la empresa, también fue acusado de robar documentos ultrasecretos de la NSA.

Durante sus muchos años de trabajo, Snowden descubrió que la cobertura diaria de la vigilancia de la NSA era enorme. Mientras trabajaba para Booz Allen, comenzó a copiar documentos ultrasecretos de la NSA. Al hacerlo, documentó prácticas que encontró invasivas e inquietantes. Después de recopilar suficientes documentos confidenciales, le dijo a su supervisor que necesitaba una licencia médica. El 20 de mayo de 2013, Snowden voló a Hong Kong, donde organizó una reunión secreta con periodistas del británico "The Guardian" y la directora Laura Poitras.

El 6 de junio de 2013, The Guardian publicó documentos recopilados por Snowden. Entre ellos se encontraba, entre otros una orden emitida por el Tribunal de Supervisión de Inteligencia Extranjera, que requería que Verizon, el operador móvil más grande de los Estados Unidos, informara diariamente sobre las actividades telefónicas. La orden se refería no solo a las conversaciones que tenían lugar en los EE. UU., sino también entre los EE. UU. y otros países. Una institución estatal recopiló metadatos de telecomunicaciones, es decir, información sobre la cantidad de llamadas o mensajes de texto, su ubicación, duración, números de teléfono de las personas que llamaron o números IMEI.

Al día siguiente, "The Guardian" y "The Washington Post" publicaron información divulgada por Snowden sobre PRISM, un programa secreto de la NSA que permite a la inteligencia estadounidense acceder a datos almacenados en los servidores de las mayores empresas de la industria de Internet, como como Microsoft, Google, Facebook, YouTube o Apple. El mundo estaba en crisis. Este incidente dio lugar a numerosos debates.

"Estoy dispuesto a sacrificar mi vida anterior porque no puedo permitir con buena conciencia que el gobierno de EE. UU. destruya la privacidad, la libertad en Internet y las libertades fundamentales de las personas en todo el mundo con la enorme máquina de monitoreo que están construyendo en secreto", dijo Snowden en entrevistas en una habitación de hotel en Hong Kong. Las ramificaciones de sus revelaciones se desarrollaron durante los meses siguientes, incluida una batalla legal por la recopilación de datos telefónicos de la NSA.

El 14 de junio de 2013, el gobierno de EE. UU. acusó a Snowden de "robar propiedad del gobierno", "revelación no autorizada de información de defensa nacional" y "transmitir deliberadamente inteligencia confidencial a una persona no autorizada". Entonces Snowden huyó a Rusia. Antes de recibir un permiso de residencia temporal, permaneció durante cinco semanas en el aeropuerto. En 2020, recibió un permiso de residencia permanente.

Algunos observadores denunciaron a Snowden como traidor, otros apoyaron su causa. Más de 100 mil personas firmaron una petición en línea en 2013 pidiendo al entonces presidente Barack Obama que perdonara a Snowden. Sin embargo, esto no sucedió y Snowden todavía se encuentra en Rusia. Donald Trump en agosto de 2020, durante su campaña presidencial, afirmó que estaba considerando indultar a Snowden.

En 2015 entró en vigor en Estados Unidos la USA Freedom Act. Los partidarios de la ley argumentaron que la ley efectivamente pondría fin a la vigilancia masiva, y otros que el alcance de sus actividades no sería suficiente. En los debates sobre las filtraciones de datos de la NSA, los funcionarios, incluido Barack Obama, argumentaron que la vigilancia de la NSA se utilizó para salvar vidas y frustró docenas de ataques terroristas contra los Estados Unidos.

En un mundo en desarrollo tan rápido, debemos prestar especial atención a las amenazas derivadas del uso de tecnologías modernas. Gracias a personas como Edward Snowden, la conciencia pública sobre la seguridad y la libertad va en aumento. Este fenómeno incluso recibió su nombre: el efecto Snowden.

######

Títulos que componen la "Enciclopedia de los misterios"

Volumen 1:
Cap.1 Personajes enigmáticos
Cap.2 Historias perdidas
Cap.3 Seres misteriosos
Cap.4 Superpoderes
Cap.5 Pasado tecnológico

Volumen 2:
Cap.1 Arquitectura intrigante
Cap.2 Culturas misteriosas
Cap.3 Fenómeno OVNI
Cap.4 Abducciones
Cap.5 El Triángulo de las Bermudas

Volumen 3:
Cap.1 Objetos misteriosos
Cap.2 Asombrosas desapariciones
Cap.3 Sucesos sin explicaciones
Cap.4 Mundo fantasmagórico
Cap.5 Hechizos y brujería

Volumen 4:
Cap. 1 Misterios religiosos
Cap. 2 Misterios científicos
Cap. 3 Animales imposibles
Cap. 4 Viajes en el tiempo
Cap. 5 Videntes y profecías

Volumen 5:
Grandes misterios sin resolver

Libro 6:
Las más grandes teorías conspirativas

Libro 7:
Grandes atracos de la historia

Libro 8:
Asesinos famosos -el lado perverso de la mente-

Libro 9:
Vidas en cautiverio –Historias de secuestro reales-

Libro 10:
Agentes, informantes y traidores -el mundo del espionaje-

######